KB108946

과학적 사유와
인간 이해

시대와 새로운 과학

4 문화의 안과 밖

시대 상황과 성찰

과학적 사유와 인간 이해

시대와 새로운 과학

윤정로

김대식

장대익

김경렬

김상환

민음사

머리말

현대 사회에서 과학 기술의 영향력은 매우 크다. 요즘 시민들은 일상생활에서 스마트폰이 없이 산다는 것을 상상할 수 없으며, 인터넷과 스마트폰은 사람들의 생활 패턴을 완전히 바꾸어 놓았다. 이제는 한 번도 직접 만나 본 일이 없는 사람들끼리 사이버 공간에서 모임을 만들고 자유롭게 의견을 나누는 시대이다. 또한 3D 프린팅은 공장 시설이 없이도 자신들의 아이디어에 따라 실제로 물건을 만드는 일을 가능하게 하였고, 생명과학의 발달은 인류의 많은 질병을 정복하거나 적어도 관리할 수 있게 해 주었다. 이처럼 과학 기술이 사람들의 일상생활 패턴을 근본적으로 바꾸면서 이에 맞추어 산업 지형도 변해 가고 있다. 더 나아가 정치, 언론, 경제, 교육, 군사를 비롯한 모든 사회 분야들이 그 영향으로 커다란 변화의 소용돌이 속에 있으며, 앞으로 이러한 변화에 잘 대응하는 국가와 사회만이 선진국으로 살아남을 것이라는 예측이다. 이러한 시대적 상황을 맞아 '문화의 안과 밖' 시리즈는 네 번째 주제로 '시대와 새로운 과학'을 택하였다.

4권의 첫 번째 글인 「과학 기술의 공적 의의」에서 윤정로 교수는 과학 기술의 공적 의미를 논하고 있다. 앞에서 언급한 대로 현대 사회에서 과학 기술의 영향력이 커지면서, 과학 기술 자체와 그 의미에 대한 반성이 필요해졌기 때문이다. 과거에는 과학 기술이 단순히 인류와 자연에 대한 호기심의 발로이거나(기초과학) 생산력을 높이는 데 쓰이는 기술(공학) 혹은 인류의 질병을 예방하고 치료하는 능력(보건 의료학)으로 대표되면서, 경제를 발전시키거나 인류의 삶의 질을 높이는 유용한 도구라는 인식이 강했다. 그러나 거대 기술 문명이 탄생하면서 커다란 구조물의 붕괴나 원자력 발전소 사고 등 인위적 요소에 의한 위험이 사회를 위협하고 있다. 또한 생명과학 기술의 발전은 생명 복제와 같은 근본적이고 윤리적인 문제를 대두시켰다. 이런 상황에서 과학 기술의 공적 의미를 성찰하는 것은 매우 시의적절한 일이다.

두 번째 글은 김대식 교수의 「뇌, 현실, 기계 지능」이다. 최근 미국이 뇌(brain) 연구에 대규모 투자 계획을 발표하였듯이, 뇌과학은 앞으로 현대 과학을 이끌고 갈 최첨단 분야의 하나이다. 사실 인류가 근대 과학 혁명 이후 자연과 생명체에 대한 많은 지식을 축적하였지만, 아직도 인간의 뇌가 어떻게 작동하는지는 많은 부분 베일에 싸여 있다. 그러나 최근 일본에서 개발한 인공 지능 로봇이 일본의 상위권 사립 대학에 합격할 정도의 실력을 갖추었다든지, 미국 IBM 사의 슈퍼컴퓨터가 사람들과의 퀴즈 대결에서 퀴즈 왕이 되었다든지 하는 뉴스에서 보듯이 어떤 부분에서는 사람의 뇌보다 뛰어난 능력을 보이는 기계가 출현하고 있다. 이와 더불어 뇌과학 분야에서 활발한 연구가 이루어지면서 뇌의 작동 원리가 하나하나 밝혀지고 있다. 이런 상황에서 이 글은 뇌과학과 그 응용 분야가 어디까지 발전할 것인지, 과연 사람을 능가하는 기계가 탄생할 것인지 등 매우 흥미진진한 이야깃거리를 제공하면서, 더 나아가 '똑똑한' 기계와 공존하는 인류의 미래를 생각하게 한다.

세 번째 글은 장대익 교수의 진화론에 관한 것이다. 사실 다윈의 자연 선택에 의한 진화론은 생물학계에서 혁명적인 발상이었을 뿐 아니라 아직도 일부 종교계에서 논쟁의 대상으로 삼는 분야이다. 장대익 교수는 이 분야의 전문가답게 유전자(gene)로부터 진화심리학, 그리고 문화 복제자인 밈(meme)까지 일반인이 알기 쉽게 잘 설명하고 있다. 그리고 "인간이란 어떤 존재인가?", "인간의 본성은 무엇인가?" 하는 전통적인 인문학의 질문들은 이제 진화론을 근간으로 한 '과학적 인간학'에서 해답을 찾아야 한다고 주장한다. 이런 주장에 전적으로 동의하지 않는 사람들도 있겠지만, 어쨌든 "인간이란 무엇인가?"라는 근본적인 질문에 대한 새로운 화두를 자연과학 쪽에서 던졌다는 점에서 매우 흥미 있는 글이다.

네 번째 글은 김경렬 교수의 「아름다운 지구, 몇 가지 큰 질문들」이다. 약 138억 년 전 빅뱅으로 탄생한 우주의 역사로부터 시작하여 약 46억 년 전 지구가 태어난 경위, 그 후 지질학적으로 생태학적으로 끊임없이 변화해 온 지구의 모습, 그리고 최근 세계적으로 큰 이슈가 되고 있는 지구 온난화의 원인과 이에 대응하는 국제 사회의 움직임까지 자세히 설명하고 있다. 결론적으로 지난 2세기에 걸쳐 이루어진 인간의 활동이 이제는 자연적인 지질학적 힘에 맞먹을 정도로 지구 환경을 변화시킬 힘을 가지고 있다는 점을 인정하고, 아름다운 지구를 우리 후손들에게 물려줄 수 있도록 에너지·자원 절약 등을 통해 지속 가능한 발전을 도모해야 한다는 주장은 오랫동안 독자의 마음에 남을 것이다.

마지막 글은 김상환 교수의 「두 문화의 합류를 위하여」이다. 최근 일어나고 있는 과학 기술의 급속한 발전에 따른 여러 사회적 문제와 윤리적 과제는 자연과학만으로는 해결할 수 없다. 결국 인문사회과학과 자연과학이 협력하고 융합을 추구해야 이 문제에 대한 해결책이 보일 것이다. 이 글은 학제 간 융합 연구의 역사와 인식론적 배경부터 시작하여 현대적 융합 연구를 가능하게 하는 현실적인 방안까지 논의하고 있다. 결론적으로 현대의 융합 연구는 근대 여명기의 통합 학문 이념으로 돌아가려는 노력이 되어서는 안 되고, 오히려 분과 학문의 자율성을 존중하면서 영역 간의 이동과 번역, 혹은 공명(共鳴)의 가능성을 추구해야 한다고 주장한다. 또한 융합적 사유의 조건은 '이야기의 힘'으로서, 로고스(logos)보다는 뮈토스(mythos)에 있다고 말하고 있다. 최근 학계에 큰 화두가 되고 있는 학제 간 융합 연구에 대한 깊은 성찰이 보이는 글이다.

인간과 자연의 관계, 더 나아가 우주 전반과의 관계를 성찰하는 것은 '인간이 무엇인가'라는 근본적인 물음에 대해 넓게 생각할 수 있는 테두리를 마련해 준다. 다행히 최근 자연과학의 발달로 지구를 비롯한 우주와 인간을 비롯한 생명체가 어떻게 시작되었고 변화해 왔는지, 그리고 앞으로 어떻게 변해 갈 것인지에 대해서 상당히 객관적이고 신뢰성 있는 답변을 얻을 수 있으므로, 이 같은 지식을 바탕으로 인간의 존재와 가치에 대하여 넓게 사유한다면 보다 깊은 통찰력을 얻을 수 있을 것이다. '문화의 안과 밖' 시리즈에 자연과학이 필수적인 이유이다.

문화의 안과 밖 자문위원 오세정

차례

과학 기술의
공적 의의

위험, 윤리, 거버넌스

윤정로

KAIST 인문사회과학과 교수

1 머리말

21세기에 들어선 2000년 6월 26일, 미국 백악관에서는 현대 과학사에 길이 남을 역사적인 발표가 진행되었다. 미국의 클린턴 대통령과 영국의 블레어 총리가 공동 기자 회견을 열고 인간 유전체 프로젝트(Human Genome Project)를 통해서 인간 유전체 지도의 초안이 만들어졌다는 소식을 발표한 것이다.(그림 1-1)[1] 당시 기자 회견장에는 두 명의 과학자, 셀레라 제노믹스의 사장 크레이그 벤터 박사와 미국 국립보건원(NIH) 산하 국립인간유전체연구소(NHGRI)의 소장 프랜시스 콜린스 박사도 단상에 동석했다. 이 장면은 어떠한 의미를 갖는 것일까?

인간 유전체 프로젝트의 기획과 출범 과정을 가까이에서 지켜본 쿡디간은 인간 유전체 프로젝트가 '사회학적 현상'이라고 진단한 바 있다.[2] 우선 인간 유전체 프로젝트는 미국 대통령과 영국 총리가 공동으로 발표할 만큼 중요한 의미가 있는 사안으로 인식되었다. 당시 클린턴 대통령은 이를 20세기 최고의 과학적 업적으로 평가하면서, '유전의 청사진'이 밝혀짐으로써 질병의 예방, 진단, 치료에 새로운 시대가 열릴 것이라는 희망의 메시지를 전했다. 그러나 단서를 덧붙

과학 기술의 공적 의의

그림 1-1   2000년 6월 26일 인간 유전체 프로젝트 성공 발표 기자 회견

였다. 유전 정보가 결코 개인이나 집단을 차별하는 데 사용되어서는
안 된다는 것이었다. 현대 과학의 중대한 사회적 파급 효과를 의식하
고 있음을 알 수 있다.

그러면 어떻게 해서 인간 유전체 지도 완성을 대통령이 발표하는
자리에 영리를 추구하는 기업가와 공익을 추구하는 과학자가 함께
자리하게 되었을까? 1990년 미국에서 출범한 인간 유전체 프로젝트
는 당초 정부 연구비 30억 달러로 15년에 걸쳐 국제 공동 연구 프로
그램으로 진행할 계획이었고, 1996년에는 연구 결과를 누구나 이용
가능하도록 공개한다는 「버뮤다 성명」이 발표되었다. 그런데 벤처 기
업가로 변신한 과학자 크레이그 벤터가 1998년 민간 투자를 받아 불
과 3억 달러의 비용으로 2001년까지 인간 유전체 지도를 완성하겠다
고 선언하면서, 양측의 열띤 경쟁이 벌어졌다. 결국 인간 유전체 지도
를 사유화(私有化)하여 상업적 목적으로 사용하지 않는 대신 양측 모
두의 과학적 업적을 인정한다는 타협안에 합의함으로써, 양측의 대

표자가 대통령의 좌우에 배석해서 발표하게 된 것이다.[3]

인간 유전체 프로젝트는 현대 과학 기술의 특성과 위상을 매우 상징적으로 보여 주는 사례이다. 현대 사회에서 과학 기술은 다양한 정치 경제적 이해관계가 얽혀 있을 뿐만 아니라 심대한 사회적, 윤리적 함의를 갖고 있다. 이 글은 현재의 한국 사회에서 과학 기술이 갖고 있는 공적(公的) 의의에 대해 고찰하고자 한다. 먼저 과학 기술의 사회적 의미에 대한 담론을 역사적으로 살펴보고, 현대 사회에서 비중이 더 커지고 있는 과학 기술의 경제적 효과와 사회적 영향력에 동반되는 구조적 위험의 문제를 제기한 후, 이런 위험에 대처하기 위한 방안으로서 과학 기술의 윤리와 거버넌스 이슈를 논의하고자 한다.

2 현대 과학 기술의 사회적 의의

과학 기술은 인간이 지적 호기심을 통해 얻은 가장 체계적인 지식이라고 볼 수 있다. 지적 호기심은 인간의 고유한 특성이고, 지적 호기심의 추구는 인간의 기본권으로 간주되기도 한다. 과학 기술은 국가와 민족의 정체성과 결속력을 강화하고 위신을 높이는 상징적 의미도 갖고 있다. 우리나라에서 과학 분야 노벨상 수상자가 배출되기를 바라는 사회적 열망도 이런 연유일 것이다. 과학 기술이 우리의 일상생활에 미치는 영향에 대해서는 더 이상 언급할 필요조차 없을 정도이다. 보다 근본적으로, 과학 기술은 우리의 사고방식과 행동 양식, 진위 판단, 신념과 가치 체계에 커다란 영향력을 행사하며 근대 문명

　　　　　　　　　　　　　　　　　　과학 기술의 공적 의의

과 세계관의 토대가 된다. 요컨대 '과학 기술은 문화'라는 것이다.

그런데 오늘날 과학 기술이 사회적으로 큰 관심을 끄는 이유는 무엇보다도 경제적 실용성과 사회적 파급 효과 때문이다. 과학 기술은 막대한 위력과 효율성, 역동성을 지닌 생산력이자 경제 성장의 도구이다. 우리나라에서도 1960년대 이후 경제 개발 계획의 일환으로 정부 주도의 조직적인 과학 기술 진흥 정책을 추진해 왔고, 정부의 정책뿐만 아니라 과학 기술 분야 전문가와 일반 시민 들의 과학 기술에 대한 인식도 경제 발전과 국가 경쟁력 제고의 수단이라는 데 집중되어 왔다. 다른 한편에서는 '경제적 도구'만이 아니라 '문화'로서의 과학 기술에 대한 인식의 중요성을 적극적으로 강조해 왔고, 필자도 이런 입장을 공유했다.[4] 문화로서의 과학 기술은 중요하다. 그러나 현대 사회에서 과학 기술의 실용성, 특히 경제적 효과는 날이 갈수록 위력을 더해 가고 있으며, 사회적 파급 효과 또한 사회과학적 의미에서의 문화, 즉 인간의 총체적 생활 방식에 점점 더 광범위하고 심대한 영향을 미치고 있다. 따라서 이 글에서는 과학 기술의 실용성과 사회적 파급 효과에 강조점을 두고 현대 과학 기술의 공적 의의에 대해 논의한다.

과학의 실용성에 대한 관심이 최근에 생겨난 것은 아니다. 인류 역사상 수많은 전쟁에서 과학 기술이 승패의 결정적 요인이 되었고, 국가를 통치하는 데도 과학 기술이 중요한 역할을 했다. 현대 과학 기술은 17세기 유럽의 '과학 혁명'에 기반을 두고 있다. 당시 '새로운 과학'을 추구하던 과학자들은 개인의 호기심에서 출발하여, 자신의 재산을 사용하거나 또는 궁정이나 부유층의 재정적 후원을 받아 연구를 수행하였다는 것이 통념이다.

그러나 실제 분석 결과는 17세기 과학 혁명 시기에도 과학의 실용적 효용에 대한 관심이 높았음을 보여 준다. 1660년에 창립되어 2년 후인 1662년에 공인을 받은 런던왕립학회(Royal Society of London)는 조직적으로 지속된 과학 단체의 효시로 알려져 있다. 런던왕립학회의 초창기였던 17세기 말 회의록을 분석한 결과에 의하면, 실용성과 관련이 없는 소위 순수 연구는 41퍼센트 정도에 불과하였다고 한다.[5] 런던왕립학회를 공인해 준 영국 왕실은 과학에 별 관심이 없었고 유독 천문학에만 관심을 보였는데, 이것은 천문학이 원거리 해외 무역에 중요한 항해술의 발전에 기여할 것으로 기대했기 때문이었다. 프랑스에서도 마찬가지였다. 1666년 루이 14세 치하에서 왕립과학아카데미(Académie Royale des Sciences)가 창립되고 재상 콜베르가 과학자들을 지원했지만, 그것은 항해술 등 유용한 결과를 기대하고 지원한 것이었다. 18세기에는 유럽 각국에서 과학에 대한 실용적 관점이 더욱 강화되었다. 영국에서는 과학을 산업에 응용하는 것을 목표로 한 루나협회(Lunar Society)가 설립되었고, 프랑스에서는 공병 장교를 양성하기 위한 국립교량·도로학교(École Nationale des Ponts et Chaussées, 오늘날의 토목공학을 가르치던 학교)를 설립하였으며, 독일에서는 광산학교를 세워 당시 번성하던 광업에 필요한 지질학과 공학을 가르쳤다.

과학에 대한 사회적 지원도 국가에 따라 역사와 형태에 차이는 있지만, 기본적으로 과학의 실용성에 바탕을 두고 있었다. 유럽 대륙 국가들에서는 일찍이 과학 연구와 교육에 정부의 지원이 이루어졌다. 프랑스는 1789년 대혁명 이후 중앙 집권 체제를 강화하고 에콜 폴리테크니크(École Polytechniques), 고등사범학교(École Normale

Supérieure) 등의 교육 기관을 새로이 설립하면서 과학 기술이 국가의 필요에 부응하는 실용적 활동이라는 이미지를 심었다. 오늘날 연구 중심 대학의 선구적 모델이 된 19세기 독일 대학에서의 과학 연구는 19세기 후반 화학 염료 생산 등의 산업 발전으로 직결되었다. 영국과 미국에서는 유럽 대륙의 전통과 달리 관심 있는 개인이나 직접적 수혜자인 기업이 과학 연구를 지원해야 한다는 정서가 강했지만, 지질 조사국 설립과 같은 국가의 실용적 필요에 부응하는 과학에 대해서 정부의 지원이 이루어졌다.

정부 측의 입장뿐만 아니라, 과학자들 스스로도 과학에 대한 사회적 관심과 정부의 지원을 요구하면서 주로 내세운 근거는 실용적 가치였다. 독일 과학자·의사협회(1822), 영국 과학진흥협회(BAAS, 1831), 미국 과학진흥협회(AAAS, 1848) 등 각국의 대표적인 과학자 단체들은 과학의 사회적 유용성을 적극적으로 홍보하면서 정부 지원을 요청했다. 20세기에 들어 '화학 전쟁'으로 알려진 제1차 세계 대전, '물리학 전쟁'으로 알려진 제2차 세계 대전을 거치면서 전 세계적으로 과학에 대한 정부의 지원이 당연시되었고, 냉전 시대의 군사 기술 경쟁을 통해서 공적인 지원이 더욱 확대되었음은 주지의 사실이다.[6]

이렇듯 과학 기술이 공적 영역으로 등장한 근대 과학의 역사적 맥락과 그 영향력이 점점 더 증대되고 있는 최근의 추세를 고려해 볼 때, 현대 과학 기술의 공적 의의에 대한 논의는 경제적 실용성과 사회적 파급 효과의 문제를 진지하게 고려할 필요가 있다고 본다.

3 과학 기술과 위험

과학 기술에 대한 정부의 지원이 확대되면서, 20세기 후반기에 들어 과학 기술은 거대 과학(big science)으로 변모했다. 즉 다수의 과학자들이 대규모 자금과 고가의 연구 장비 및 시설을 이용해서 체계적이고 조직화된 연구 활동을 벌이게 된 것이다. 원자 폭탄, 대규모 입자 가속기를 이용하는 물리학, 우주 탐사를 비롯해서 인간 유전체 프로젝트도 대표적인 사례가 된다. 초거대 과학(mega science)이라는 말이 나올 만큼 지속적으로 규모가 확대되는 가운데, 21세기의 과학 기술은 다시 새로운 양상을 보이고 있다. 분야의 세분화와 전문화가 지속되는 동시에 전통적인 영역의 구분이 흐려지고 지식이 융합되는 추세가 가속화되고 있는 것이다. 또한 과학 분야의 기초 연구에서 시작하여 응용 연구, 기술 개발, 제품 개발 및 이용의 단계를 거치는 전통적인 기술 혁신의 과정에서 벗어나 연구 활동이 바로 실용화로 이어지는 추세가 정보 통신, 나노(nano), 바이오 등 많은 첨단 과학 기술 분야에서 뚜렷해지고 있다. 과학 기술 분야에서도 '경계의 소멸' 현상이 현저해진 것이다. 인문사회과학적으로 과학 기술에 접근하는 과학기술학 분야에서, 과학과 기술을 구분하지 말고 '기술과학(technoscience)'으로, 과학 기술과 사회 질서를 쌍방적 상호 작용 속에서 '공동 생산'되는 '사회 기술 체계(sociotechnical system)'로 보아야 한다는 관점이 호응을 얻고 있는 이유이다.

수많은 과학 연구의 결실이 실험실에서 시장으로 직행한다. 과학 기술의 실용적 위력이 커지고 그 영향이 미치는 속도가 빨라짐과 동

과학 기술의 공적 의의

시에 과학 기술의 발전에 잠재되어 있는 위험도 증가하며, 이러한 사실에 대한 사회적 인식도 높아지고 있다. 클린턴 대통령의 인간 유전체 프로젝트 성공에 대한 발언에서도 이런 인식이 표출되었다. 소위 인간의 통제를 벗어나 고삐가 풀린 채 질주하는 과학 기술 문제가 현대 사회를 진단하는 데 중요한 위치를 차지하게 되었고, 과학 기술의 공적 의의도 위험의 문제와 불가분의 관계를 맺게 되었다.

위험(risk)이라는 개념은 여러 가지 사회 현상을 파악하는 데 사용되고, 다양한 방식으로 규정되고 있다.[7] 보통 위험 인자나 위해 요인이 인간이나 생태계 등 구체적 대상에 미칠 수 있는 '잠재적 영향력'을 위험이라고 본다. 위해 요인은 인간의 노력을 통해서 위해가 현실화되지 않거나 그 정도가 약화될 수 있다. 예를 들어, 독감 바이러스는 위해 요인이지만, 예방 접종 등의 조치를 통해서 환자 수와 증세의 심각성 등 대규모 독감 발생의 위험을 줄일 수 있다. 즉 잠재적 영향력은 필연적인 것이 아니라 인간의 개입을 통해서 통제할 수 있으며, 따라서 위험은 인간의 의지와 노력의 영역으로 들어온다.

1980년대 이후 유럽의 대표적인 사회이론가들이 위험의 문제에 대해 본격적으로 관심을 기울이기 시작했다. 독일의 사회학자 울리히 벡(Urlich Beck)은 위험이 현대 사회 구조와 의식의 중추에 자리 잡고 있다고 보고, 현대 사회를 '위험 사회(risk society)'라고 규정했다.[8] 벡에 따르면, 위험은 근대화(modernization)라는 사회 변동 과정 자체에 의해서 만들어진 불가피한 결과물이며, 근대화 과정에 의해서 19세기 봉건 사회가 해체되고 산업 사회가 출현한 깃과 마찬가지로 20세기 말에는 근대화 과정에 의해서 산업 사회가 해체되고 위험 사회가 출현했다. 이런 근대화와 근대성(modernity)의 핵심이 바로 과학 기술이라고 한다. 세계적으로 영향력이 큰 영국의 사회학자 앤서니 기든스(Anthony Giddens)도 위험을 가뭄이나 지진 등 자연계에서 발생하는 '외부적 위험(external risk)'과 자연계에 인간의 지식과 기술을 적용함으로써 '만들어진 위험(manufactured risk)'으로 구분하면서, 지구 온난화 등의 만들어진 위험의 문제에 주목한다.[9]

사회이론가들의 위험에 대한 관심은 현실에서 발생한 비극적인 사건들에 영향을 받았다. 널리 알려진 사례를 보면, 1970년대 이탈리아 북부의 세베소(Seveso)에서 스위스 기업인 로슈(Roche)의 농약 제조 공장에서 다량의 유독 물질이 방출되면서 동물들이 폐사하고 시민들이 피부병에 시달렸으며 토양 오염으로 인하여 마을이 폐쇄되는 상황이 발생했다. 이 사건은 유럽 연합 차원에서 산업 안전 규제가 제정되는 계기가 되었다. 1984년에는 인도의 보팔(Bhopal)에서 미국 기업인 유니언 카바이드 공장의 폭발 사고로 인체에 치명적인 화학 물질이 누출되면서 2주 동안 1만 명 이상이 사망하고 50만 명이 피해를 입었다. 1986년 4월 발생한 우크라이나 체르노빌의 원자력 발전소 폭발 사고는 두고두고 회자되는 사건이다. 이러한 사건들은 과학 기술의 발전과 밀접한 연관이 있는 '만들어진 위험'이었다.

울리히 벡이 주목하는 위험과 위험 사회의 특성을 조금 더 자세히 살펴보자.[10] 첫째, 현대 사회의 위험은 인간의 통상적인 지각 능력이나 일반적인 상식으로는 판단할 수 없다. 방사능, 유독성 화학 물질, 대기 오염의 정도, 수질(水質)을 예로 들면 쉽게 이해할 수 있다. 일본의 후쿠시마 원전 사고로 누출되었다는 유해 물질 방사능 동위

과학 기술의 공적 의의

원소 세슘-137은 인간의 오감으로는 알아볼 수 없으며, 건강에 위험한지 아닌지, 위험 수준이 어느 정도인지 전문 지식이 없으면 알 도리가 없다. 따라서 위험의 종류와 범위는 전문적인 지식에 의존해서 사회적으로 규정될 수밖에 없으며, 위험에 대한 전문적인 지식과 사회적 규정, 정보 전달 권한을 보유한 과학, 법률, 대중매체 등의 영역에 종사하는 전문가들이 이러한 위험을 파악하는 데 사회적으로 주도적인 역할을 담당하게 된다.

둘째, 위험이 끼치는 영향은 모든 사회 구성원들에게 동일한 것이 아니라 사회 경제적 위치에 따라 달라지며, 위험의 배분을 둘러싸고 국내적, 국제적 차원에서 새로운 불평등 체계가 형성된다. 예컨대 공기 좋은 곳으로 이사 갈 수 있는 경제력이 있는 사람과 없는 사람에게 대기 오염의 영향은 다르게 나타난다. 그러나 "빈곤에는 위계질서가 있지만 매연은 민주적(poverty is hierarchic, smog is democratic)"[11] 이라는 문구가 함축하듯이, 현대 사회의 위험에는 부메랑 효과가 있기 때문에 궁극적으로는 어느 누구도 위험에서 벗어날 수 없고, 결국 전 지구적 위험 사회(global risk society)가 될 수밖에 없다.

셋째, 위험의 확산은 자본주의와의 결별을 의미하는 것이 아니라, 위험이 상업화되어 밑 빠진 독과 같은 수요를 창출하는 거대한 사업거리(big business)가 됨으로써 자본주의를 새로운 단계로 전환하는 계기가 된다. 예를 들면, 최근 급격히 성장한 생수 사업은 수질 관련 위험을 기반으로 만들어진 새로운 산업이고, 암반수, 광천수, 심해수 등 계속 새로운 수요와 사업거리가 만들어지고 있다.

넷째, 부(富)는 소유할 수 있지만, 위험은 부정적인 영향을 받을 수 있을 뿐이다. 종래의 산업 사회에서는 개인이 처한 사회 경제적 조건이 개인의 의식에 영향을 미쳤지만, 위험 사회에서는 개인이 위험과 관련하여 어떤 의식을 갖고 있는가에 따라 현실적으로 위험에 대처하는 방식이 달라진다.

다섯째, 사회적으로 인정된 위험은 정치적 폭발력을 지니게 되고, 종래에 비정치적인 것으로 여겨지던 것이 정치적인 것으로 변환된다. 위험이 현실화되면서 나타나는 재난은 엄청난 정치적 잠재력을 갖고 있으며, 권력과 권위의 구조적 변화를 초래할 수도 있다. 이런 지적은 2008년 광우병 사태나 현재의 세월호 참사의 여파에 비추어 보면 이해할 수 있다.

위험 사회의 출현은 과학 기술의 급속한 발전과 깊은 연관을 맺고 있다. 앞서 언급하였듯이, 위험은 근대화 과정의 불가피한 결과물이며, 위험 사회는 근대화의 실패가 아니라 성공의 소산인데, 과학 기술이 바로 이런 근대화와 근대성의 근간을 이루고 있는 것이다. 그러나 위험 사회의 보다 근본적인 문제는 과학 기술 자체가 아니라 현대 사회의 의사 결정 과정에 있다는 것이 벡의 진단이다.

벡의 견해에 따르면, 1970년대부터 정치적인 것과 비정치적인 것의 구분이 사라지면서, 사회의 중요한 의사 결정이 의회나 정당 등 전통적인 정치 제도에서 벗어나 종래에는 비정치적인 영역으로 간주되던 과학 기술, 경제 등의 영역으로 옮겨졌다. 실험실에서 지식의 진보를 목표로 일상적으로 수행하고 있는 연구 활동, 그리고 기업에서 이익 추구를 목표로 이루어지는 일상적인 의사 결정이 사회의 구조적 변화에 중요한 영향을 미치게 된다. 벡의 표현에 의하면, 첨단 과

과학 기술의 공적 의의

학 기술 연구실과 기업이 '혁명의 세포'가 되었다고 한다. 그런데 이렇게 중요한 의미를 갖는 활동들이 현대 민주주의 체계의 바깥에서, 민주주의 체계를 반대하는 것이 아니라 그냥 무시하면서, 사회적 의사 결정 체계와 상관없이 이루어지고 있는 것이 바로 문제의 핵심이라는 것이다.[12]

그러면 이런 상황에 대해 벡이 제시하는 대처 방안은 무엇인가? 첫 번째는 현재의 위험은 미래를 위한 도전일 뿐이고, 과학 기술의 진보를 통해서 해결해야 한다는 산업 사회 방식으로 회귀하는 것인데, 이것은 불가능하다고 본다. 두 번째는 정치 체계에서 적용해 왔던 민주주의 원칙을 과학 기술 관련 의사 결정에 확대 적용하는 '민주화' 방식이다. 이 방식은 국가의 개입하에 적절한 규제 장치와 기구를 정비하여 위험에 대응할 수 있는 효과도 있지만, 과학적 권위주의와 과도한 관료주의에 빠지게 될 위험을 내포하고 있다. 세 번째 방식은 '차별화된 정치(differential politics)' 혹은 '정치의 해방(unbinding of politics)'인데, 민주화된 사회에서 다양한 형태의 정치적 과정이 폭넓게 공존하는 상태를 의미한다. 벡은 이 세 번째 방식을 바람직한 방향으로 꼽는다.[13]

벡은 차별화된 정치를 위해서는 강력하고 독립적인 사법 제도와 미디어가 존재해야 하고, 이런 배경 조건하에서 전문가들이, 그리고 조직들이 자기비판을 할 수 있는 기회를 부여하고 이를 제도화할 필요성이 있음을 역설한다.

의학이 의학을 반대하고, 핵물리학이 핵물리학을 반대하며, 정보

기술이 정보 기술을 반대할 때, 시험관에서 배양되고 있는 미래에 대해서도 비로소 바깥세상에서 이해하고 평가할 수 있게 된다. 자기비판을 허용하는 것은 위험 요인이 아니라, 조만간 우리의 세계를 파괴할 수 있는 인간의 과오를 미리 찾아낼 수 있는 거의 유일한 길이다.[14]

벡에 의하면, 합리성에 대한 과학의 독점은 자기 회의, 즉 성찰성 (reflexivity)을 배제하게 된다. 그러나 "사회적 합리성 없는 과학적 합리성은 공허하고, 과학적 합리성 없는 사회적 합리성은 맹목적"[15]이다. 결국 위험 사회의 해법은 '성찰적'인 과학적 합리성, 그리고 다양한 시민 사회의 적극적인 참여를 통해서 '성찰적 근대성(reflexive modernity)'을 확보하는 것이다.

4 현대 과학 기술의 윤리

현대 과학 기술에서의 윤리 문제는 과학 기술 발전에 수반되는 위험의 관리 및 통제와 불가분의 관계를 맺고 있다. 윤리 문제에 대한 논의에서는 일반적으로 해당 사안에 관련된 개인의 윤리적 행위가 먼저 의제로 설정되기 쉽고, 과학 기술 분야에서도 과학자들의 연구 활동에 관련된 연구 윤리의 문제가 먼저 주목을 받게 되었다. 서양에서는 일찍이 임상 치료에 적용되는 의료 윤리에서 출발하여, 2차 대전 이후에는 인간과 동물을 대상으로 하는 과학 기술 연구, 그리고 최근에는 사회과학 연구까지 적용범위가 확대되는 방향으로 연구 윤리가 발전되어 왔다. 또한 자료의 위조, 변조, 표절 등의 연구 부정행위를 규제하고 바람직한 연구 실천(research practice)을 진작하기 위한 연구 윤리를 지속적으로 논의해 왔다.[16] 현재 우리나라에서도 '생명윤리 및 안전에 관한 법률', '실험동물에 관한 법률'이 제정되었으며, 생명윤리위원회, 동물실험윤리위원회, 연구진실성위원회가 기관 차원에서 운영되고, 국가생명윤리심의위원회도 설치되어 있다. 그러나 과학 기술자 개인 윤리와 연구 윤리만으로는 현대 과학 기술이 내포하고 있는 위험에 대응하기에 역부족이라는 사실은 너무나 분명하다.

앞서 언급했듯이 '만들어진 위험'에 대한 사회과학적 관심은 주로 환경 문제와 생태계 파괴 문제에서 출발했지만, 1980년대 이후에는 생명과학 기술이 첨단 과학 기술의 발전에 부수되는 위험에 대한 사회적 담론과 정책, 대중문화 이미지에서 중심적인 위치를 차지하게 되었다. 이것은 생명과학 기술의 폭발적인 발전 및 21세기가 '바이오테크 시대'라는 인식과 연결되어 있다.[17]

최근 생명과학 기술의 핵심은 DNA에 담겨 있는 유전 정보를 해독하고 유전자와 세포를 인위적으로 조작하는 데 있다. 1953년 DNA의 이중 나선 구조가 밝혀진 이래, DNA를 생명체의 세포 밖으로 꺼내서 자르고 붙이는 유전자 재조합, 염기 서열 분석, 줄기 세포, 복제 등 다양한 기술이 잇달아 개발되면서 생명과학 기술은 급속도로 발전하고 있다. 더욱 충격적인 사실은 생명과학 기술의 연구 성과가 기술적으로는 종류에 상관없이 어떤 생명체에도 적용될 수 있다는 것이다. 1997년 복제양 돌리(Dolly)의 출현이 전 세계에 충격을 던지고(그림 1-2), 2012년 생쥐의 피부 세포로 만든 난자를 일반 정자와 인공 수정

그림 1-2 복제양 돌리와 돌리가 낳은 새끼(1997, The University of Edinburgh, the Roslin Institute 제공)
그림 1-3 생쥐의 피부 세포로 새끼를 탄생시킨 연구에 대한 기사(2012)

해서 건강한 새끼를 탄생시켰다는《사이언스》에 실린 논문을 보도한 기사[18]에서 '복제 인간 만드는 새로운 방법 될 수도'라는 제목이 붙게 되는 이유이다.(그림 1-3)[19]

　　생명과학 기술 연구의 상징이 된 인간 유전체 프로젝트에서 과학자 개인과 연구 윤리의 차원을 넘어 과학 기술의 위험에 대비하고 통제하기 위한 새로운 시도가 이루어졌다. 1988년 미국 국립보건원 산하에 인간 유전체 연구단이 만들어지고 제임스 왓슨(James Watson)이 초대 단장으로 임명되었다. 왓슨은 약관 25세에 DNA의 이중 나선 구조를 밝혀내 새로운 패러다임을 연 과학계의 거두였으며, 인간 유전체 프로젝트의 강력한 전도사이자 지도자였다. 왓슨은 취임 기자 회견에서 인간 유전체 연구는 그 윤리적, 사회적 영향을 탐구하고 대비하

과학 기술의 공적 의의

는 데 각별한 노력을 기울여야 하며, 이에 따르는 비용을 인간 유전체 프로젝트 연구비에서 직접 지원하겠다고 발표했다. 그 결과 1990년 인간 유전체 프로젝트의 출범과 동시에 '윤리적, 법률적, 사회적 함의(ethical, legal, and social implications)'를 탐구하는 ELSI 프로그램이 공식적으로 가동되었다.[20]

ELSI 프로그램에는 기본적으로 인간 유전체 프로젝트 연구비 총액의 3~5퍼센트 정도가 할당되었고, 인간 유전체 프로젝트를 수행하는 국립보건원이나 에너지부에 소속된 연구자들뿐만 아니라 유전학, 의료, 철학, 생명 윤리, 법률, 정책, 교육, 사회학, 심리학, 역사학 등 다양한 분야의 외부 전문가들이 참여했다. ELSI 프로그램은 인간 유전체 연구가 야기할 것으로 예상되는 문제점들을 찾아내고 연구하는 것은 물론, 나아가 현실적인 정책 대안과 법률적 조치, 관련 전문가 및 일반 시민 들을 대상으로 하는 교육 프로그램 등을 지원하고자 하였다. 중점적으로 관심을 기울인 사안은 유전자 검사, 개인 유전 정보 이용에 있어서의 프라이버시 보호와 공정성 확보, 보험과 고용에서의 차별 방지, 지적 재산권의 보호 관련 문제 등이었다.[21]

ELSI 프로그램은 급속히 확산되었다. 인간 유전체 프로젝트의 진행 과정을 지켜본 사람들은 과학자와 정책 입안자 들이 놀랄 정도로 신속하게 ELSI 프로그램의 도입을 당연시하게 되었다고 한다. 미국 에너지부의 다른 프로젝트에도 유사한 프로그램들이 도입되었고, 대통령 산하에 국가생명윤리자문위원회가 설치되었다.[22] 유럽, 캐나다 및 국제기구에서도 ELSI와 유사한 프로그램늘이 만들어졌다. 1990년 유럽 연합 차원에서 기획한 인간 유전체 연구에서는 연구

비 중 7퍼센트를 '윤리적, 법률적, 사회적 측면(ethical, legal, and social aspects, ELSA)'을 탐구하는 데 사용하기로 했고, 1992년 개시된 캐나다의 인간 유전체 프로젝트에서는 전체 예산의 7.5퍼센트를 ELSI 연구에 배정했다. 국제연합교육과학문화기구(UNESCO)는 1993년 국제 생명윤리위원회를 설치하고 1997년 '인간 유전체와 인권에 관한 보편 선언', 2005년 '생명윤리와 인권에 관한 보편 선언' 등을 총회에서 채택했다.[23]

ELSI 프로그램은 과학 기술에 대한 공적 지원에서 중요한 전환이 이루어지는 계기가 되었다. ELSI 프로그램은 인간 유전체 연구의 광범위한 사회적 함의에 대한 분석, 즉 일종의 자기비판을 연구 자체에 포함시킴으로써 과학 기술에 대한 성찰적인 접근을 요구할 뿐만 아니라 과학 기술에 동반되는 위험과 발견된 지식의 사용에 대해서도 책임을 저야 한다는 점을 분명히 했다. 지금도 ELSI와 유사한 프로그램들이 생명과학 기술 전반, 그리고 나노, 로봇, 뇌신경과학 등 새로이 부상하는 첨단 과학 기술 분야에 광범위하게 도입되고 있다.

그러나 ELSI 프로그램에 대한 비판 또한 만만치 않다. 무엇보다도, 인간 유전체 프로젝트로부터 지원을 받아 수행하는 ELSI 프로그램은 본질적으로 이해관계가 충돌하는 것이며, 기업의 이해관계를 대리하는 변호사처럼 결국 비판적 기능을 상실하고 생명과학 기술 측의 입장을 대변하는 역할로 전락할 수 있다는 것이다. 또한 ELSI 프로그램에 대규모 자금이 지원됨으로써 프로그램에 포함되지 않은 중요한 연구 주제들이 소외될 수 있다는 비판도 제기되었다. 다른 한편으로 과학자들은 ELSI 프로그램이 인간 유전체 연구에 대해 과학적

근거와 상관없이 과도한 사회적 관심과 우려를 불러일으킬 수 있다는 불만도 표출한다.[24]

한국에서는 2000년대에 들어 ELSI 연구에 대한 지원이 시작되었다. 인간 유전체, 줄기세포, 이종(異種) 간 장기 이식 분야에서 새롭게 추진되던 21세기 프런티어 사업 등 정부에서 지원하는 대규모 연구개발 프로젝트의 일부로 ELSI 연구를 편입해 지원하는 방식을 취했다.[25] 당시 우리나라의 ELSI 연구는 자생적 필요에 의해서보다는 미국의 인간 유전체 프로젝트 등 선진국의 사례를 모방한 측면이 강했다. 초기의 ELSI 프로젝트는 공통적으로 각 분야의 연구 윤리 지침 개발에 주력하였는데, 2005년 1월 '생명윤리 및 안전에 관한 법률(생명윤리법)'이 발효되기까지 적절한 규제가 전혀 없었기 때문에 자율적인 윤리 지침이 시급히 필요하다는 ELSI 연구자들의 인식에서 그 이유를 찾을 수 있을 것이다. 그러나 윤리 문제에 대한 과학자들의 무관심, 과학자와 인문사회과학자들의 적극적인 소통의 부재 속에 이런 ELSI 연구가 실제로 얼마나 효과가 있었는지는 의문이다. 1997년 복제양 돌리의 탄생 이후 2003년 생명윤리법이 제정되기까지 수년간에 걸친 사회적 논란은 과학 기술계와 산업계의 '육성' 논리와, 시민 단체와 인문사회과학계의 생명 '윤리' 논리의 대립을 보여 주었다. 한국의 ELSI 연구는 아직도 연구자의 저변, 연구의 폭과 깊이에 한계가 있음을 인정하지 않을 수 없다. 앞에서 언급한 비판에도 불구하고, ELSI 연구는 그 연구 대상과 유리되어서는 지속적으로 발전하기 어렵다는 점도 지적하고자 한다.[26]

5 과학 기술 거버넌스

과학 기술에 대한 전통적인 관점은 과학자 출신으로 저명한 과학철학자였던 존 자이먼(John Ziman)이 제시한 '공적 지식(public knowledge)',[27] 그리고 마이클 폴라니(Michael Polanyi)의 '과학 공화국(republic of science)' 개념으로 대변될 수 있다.[28] 모든 사람이 보편적으로 수긍하고 공유함으로써 확실하다고 받아들이는 견해를 공적 지식이라고 한다면, 현대 사회에서 과학은 바로 이런 공적 지식을 대표한다. 폴라니에 의하면, 과학자들은 개인의 판단에 따라 연구 주제를 선택하고 수행하지만 동시에 긴밀하게 조직된 과학자 집단의 구성원으로서 상호 협력, 조정하면서 미지의 세계에 대한 불확실한 발견을 추구한다. 이렇게 탐험가 사회와 같은 성격을 띠는 '과학 공화국'에서는 독립적인 주체로서 사회적 이해관계와 구속에서 자유로운 과학자들의 자율과 자치(self-government)가 과학 발전을 위해 불가결하다고 한다.

이런 관점에 따라 전통적으로 과학 기술과 관련된 공적 의사 결정은 소수의 엘리트 전문가와 정부 중심으로 이루어져 왔다. 일반 시민들이 과학 기술을 두려워하고 비호의적으로 여기는 이유가 그것에 무지하기 때문이라는, 소위 '결핍 모델(deficit model)'의 전제하에 일방적, 계몽적 방식으로 추진된 과학의 '대중화' 또는 '대중의 과학 이해(public understanding of science)' 활동 또한 이런 관점에서 나왔다.

그러나 다른 사회 부문과 마찬가지로 과학 기술 분야에서도 1980년대 이후 새로운 거버넌스(governance)와 구체적인 구현 방식에 대한 논의가 급속히 확산되고 있다. 거버넌스란 한마디로 표현하면 사회적 의사 결정에 있어 다양한 이해관계를 가진 광범위한 이해 당사자들이 참여하여 목소리를 내는, 소위 협치(協治) 방식을 의미한다. 과학 기술 거버넌스는 기본적으로 현대 민주주의의 새로운 시민권으로서 '과학 기술 시민권'의 개념에 입각하여, 비전문가인 일반 시민의 참여를 통한 숙의를 기반으로 공익을 도모하는 방향으로의 의사 결정을 지향한다는 기치를 내건다.[29] 이것은 앞에서 언급한 대로 과학 기술이 내포하고 있는 위험과 불확실성, 그리고 위험의 예방과 대비, 관리와 통제의 필요성에 대한 사회적 인식이 높아진 것과 깊은 관련이 있으며 벡과 기든스가 위험 사회의 해법으로 제시한, 성찰적 근대성에 입각한 차별화된 정치나 정치의 해방과 궤를 같이하고 있다.

과학 기술 거버넌스의 구체적인 방식으로는 기술 영향 평가, 합의 회의, 시민 배심원, 과학 상점 등이 있으며, ELSI 프로그램도 이런 부류에 속하는 것으로 볼 수 있다.

첫째, 기술 영향 평가(technology assessment)란 기술의 도입과 활용이 사회 문화, 정치, 경제, 환경 등에 미치는 광범위한 사회적 영향을 체계적으로 분석하는 것으로, 1960년대 말 미국에서 시작되어 1972년 미국 의회 산하에 기술 영향 평가국이 설치됨으로써 제도화되었다. 미국의 기술 영향 평가는 핵 확산과 안전, 태양 에너지, 자동화, 유전 공학 등 이미 개발되었거나 개발하기로 결정된 첨단 기술과 대형 프로젝트의 부정적 영향을 최소화하기 위해서 이루어졌다. 1980년대에 들어 네덜란드, 덴마크 등을 중심으로 '혁신적', '구성적', '참여적' 등의 수식어를 붙인 새로운 기술 영향 평가 방식이 도입되어 확산되었다. 전문가들에 의한, 결과 위주의, 사후적이고 소극적인 미국의 기술 영향 평가에서 벗어나, 과학 기술 관련 의제를 설정하고 개발하는 과정부터 시민들이 적극적으로 참여하여 다양한 대안을 제시하며 바람직한 선택이 이루어지고 바람직한 결과가 구현되도록 개입하고 구성해 나간다는 것으로, 유전공학, 컴퓨터와 자동화 기술, 청정 기술 등에 적용되었다. 그러나 기술 영향 평가에서 다룰 수 있는 범위는 총체적 영향이 아니라 한정된 부분의 영향에 국한될 수밖에 없다는 비판과 함께, 최근에는 윤리적 이슈를 평가에 도입하려는 시도가 이루어지고, 보다 포괄적인 예방의 원칙(precautionary principle)을 적용하려는 접근 방식이 등장하고 있다.[30]

둘째, 1987년 덴마크에서 개최되기 시작한 합의 회의(consensus conference)는 일반적으로, 자발적으로 지원한 일반 시민 중에서 선발된 패널들이 중대한 사회적 관심사가 된 과학 기술 관련 사안에 대해 전문가들의 의견을 청취하고 질의응답 과정을 거친 다음 시민 패널 내부의 자유로운 토론 과정을 통해서 결론을 도출한 후 합의 내용을 공개하는 방식으로 진행된다. 합의 회의는 충분한 정보를 제공받고 심도 있는 학습과 토론, 상호 이해 즉 숙의 과정을 거침으로써 사회적 합의의 기반을 형성하는 데 효과적일 수 있다.

셋째, 시민 배심원제(citizen jury)는 미국에서 재판에 활용되는 배심원 제도를 원용한 것으로, 보통 무작위적으로 선택된 일반 시민들이 전문가들의 증언을 듣고 숙의하는 과정을 거친다. 지원자 중에서 선발된 시민 패널이 모든 과정을 주도하는 합의 회의와 달리, 시민 배심원 제도는 질문 만들기, 보고서 작성 등에 주최 측이 더 적극적으로 관여한다.

넷째, 과학 상점(science shop)은 주로 대학의 연구실과 전문가 들이 소외 집단과 지역 사회가 요청하고 필요로 하는 문제에 대해 연구하는 방식으로, 네덜란드에서 시작되어 지역 사회 기반 연구로 널리 확산되었다. 과학 기술 전문가와 일반 시민 간의 중개 역할을 담당하여 긴밀한 상호 작용을 촉진하고자 하는 과학 상점은 연구를 의뢰한 시민이나 집단을 되도록 연구 과정에 참여시키려고 한다.[31]

한국에서 과학 기술 거버넌스의 문제는 어떠할까? 1967년 과학 기술처 설립의 기반이 된 보고서를 보면, "과학 기술을 최대한으로 도입하여 최단 시일 내에 최대한의 경제 효과"를 거두기 위해 과학 기술 전담 행정 기관의 신설을 건의하고 있다. 이런 기조에 따라, 소수의 엘리트 전문가와 관료들이 고도의 '자율성'을 견지하면서 '효율성'이 높은 '정책'을 입안하고 집행하는 것이 주된 의사 결정 방식이었다. 이런 의사 결정 방식은 1994년 원자력 발전소에서 나오는 방사성 폐기물 처리장을 서해안의 굴업도에 건설하려 했던 정부 계획이 주민과 시민 단체들의 완강한 저항에 부딪혀 백지화되는 사태에서 결정적으로 한계를 드러내게 되었다.

1990년대 이후 정보 유입 경로가 다양해지고 속도 또한 빨라지면서, 새로운 과학 기술 거버넌스 제도들이 소개되고 '수입'되었다. 2001년 제정된 '과학기술진흥기본법'에 의해 기술 영향 평가와 시민 참여가 제도화되었다. 즉 "정부는 새로운 과학 기술의 발전이 경제·사회·문화·윤리·환경에 미치는 영향을 사전에 평가하고 그 결과를 정책에 반영해야 한다."라고 명시하고, 시행령에 "민간 전문가 및 시민 단체 등의 참여를 확대하고 일반 국민의 의견을 모아서" 매년 기술 영향 평가를 실시하도록 규정함으로써, 2003년부터 과학 기술부 산하의 한국과학기술기획평가원 주관으로 기술 영향 평가가 실시되고 있다.[32] 그러나 그 결과가 현실적으로 정책에 반영되는지는 회의적이다.

합의 회의는 1998년 이후 유전자 조작 식품, 생명 복제, 전력 정책에 대해 시민 단체의 주관하에 시도되었고, 2006년에는 한국과학기술기획평가원 기술 영향 평가 사업의 하나로 합의 회의 방식을 채택한 시민 공개 포럼이 유비쿼터스 컴퓨팅 기술을 대상으로 진행되었다. 그러나 합의 회의의 현실적 영향력 또한 뚜렷하지 못하다. 시민 단체 주관으로 2001년 인간 유전 정보 보호 문제에 대해서 처음 시도된 시민 배심원제는 2004년 울산광역시 북구청의 음식물 자원화(음식물 쓰레기 처리) 시설 설치, 2007년 대통령 자문 지속가능발전위원회의 심야 전기 제도, 2008년 한국과학기술기획평가원 기술 영향 평가 사업의 하나로 시민 단체에 의뢰한 국가 재난 질환 대응 체계 등 국가 기관 또는 시민 단체와 협력하여 실시하는 방향으로 진행되었다. 그러나 성공 사례로 알려진 울산의 경우도 단발성에 그친 데다 성과도 제한적이어서 결국에는 시설 가동이 중단되었다.[33] 과학 상점은 1990년대 말부터 전북대학교 등에서 시도되었지만 성과를 내지 못하고 있다.

이런 한국의 상황에 대해서 새로운 과학 기술 거버넌스의 도입에 대해 학문적, 실천적으로 적극적이었던 연구자들도 잠재적 가능성은 밝게 보지만 현재까지의 성과에 대해서는 비판적인 평가를 내리고

과학 기술의 공적 의의

있다. 과학 기술 정책에 대한 시민 참여는 여전히 시민 대다수에게 생소하고 혼동과 오해의 소지가 많은 개념으로 남아 있고, 주류 담론으로 진출하지 못하고 있다는 것이다.[34] 또한 생명공학 감시 운동을 중심으로, 시민 단체가 활동가 재생산에 실패함으로써 결국 시민운동이 정체기를 맞고 비판적 담론의 확산에도 한계를 보이고 있다.[35]

기술 영향 평가를 명시한 '과학기술기본법'이 상징적으로 보여주듯이 한국에서 새로운 과학 기술 거버넌스를 구축하고 정착시켜야 한다는 당위성과 필요성에 대해서는 정부를 비롯해서 학계, 시민 단체 모두가 원칙적으로 공감하고 있지만, 구체적인 실천에서는 새로운 거버넌스 제도들이 원활히 작동하지 못하고 효과도 미미한 것이 현실이다. 그 원인을 분석하고 해법을 제시하는 작업이 절실히 필요한 것은 두말할 나위가 없다. 미국, 영국, 독일은 비슷한 사회 경제적 수준과 자유 민주주의 체제를 공유하고 있지만, 각기 다른 문화·역사·정치적 요인으로 인하여 공적 의미를 갖는 지식에 대한 '시민적 인식론(civic epistemology)', 그리고 생명과학 기술 거버넌스가 서로 다른 모습을 보인다고 한다.[36] 한국의 과학 기술 거버넌스 문제의 해법 또한 이런 사회적 배태성이 고려되어야 한다.

필자가 이 글에서 새로운 과학 기술 거버넌스 정착의 해법을 제시하기에는 역부족이지만, 과학 기술과 인문사회과학 사이의 간극을 일컫는 '두 문화(two cultures)'의 극복은 그 단초로서 중요한 과제라고 본다. '열려 있는' 과학 기술 전문가와 과학 기술의 문제에 관심을 갖고 균형 잡힌 판단을 내리기에 충분한 정보를 갖고 있는 시민, 그리고 그들 사이의 소통, 신뢰, 협력이 있어야만 과학 기술 거버넌스가 작동할 수 있다. 현대 사회에서 과학 기술과 관련된 사회적 의사 결정에서는 일상생활의 경험에 입각한 비전문적, 지역적 지식도 무시돼서는 안 되지만, 전문적인 지식이 개입하지 않고서는 좋은 판단을 내리기 어렵다. 과학 기술 전문가는 비전문가인 시민들뿐만 아니라 전문화된 과학 기술 내부의 서로 다른 분야 전문가들에 대해서도 개방적이어야 한다. 결국, 과학 기술 전문가를 기능적 지식인에서 벗어나 비판적 안목을 갖춘 지성인으로 길러 내야 한다. 다른 한편으로는 과학 기술 문제에 대한 인문사회과학의 연구 폭이 넓어지고 수준이 높아져야 한다. 과학 기술에 대한 추상적인 비판이 아니라 구체적, 참여적 성찰이 필요하다. 과학 기술과 인문사회과학의 진정한 소통과 경계 넘나들기가 활성화될 때, 인간의 오만에 대해 경계하고 과학 기술의 위험에 대비하며 도구로서의 과학 기술을 넘어 문화로서의 과학 기술이라는 심원한 공적 의미에 다다를 수 있을 것이다.

과학 기술의 공적 의의

뇌, 현실, 기계 지능

신경과학의 이해

김대식

KAIST 전기및전자공학과 교수

왜 '뇌'에 대해 이야기해야 할까? 물론 뇌는 중요하다. 아인슈타인의 천재성, 히틀러의 잔인함, 김연아 선수의 우아함. 모두 뇌가 있기에 가능하니 말이다. 하지만 뇌는 특별한 또 하나의 무언가를 가지고 있다. 바로 나 자신, 그리고 현실에 대한 질문 그 자체가 뇌 없이는 불가능하다는 점이다.

박사 학위를 막 시작한 대학원생으로 처음 인간의 뇌를 실제로 본 날 받은 충격이 아직도 기억난다. 그것은 바로 '뇌가 그다지 놀랍게 생기지 않았다'는 사실이었다. 뇌는 그저 다소 역겨운 섬유질과 액체로 가득 찬 1.5킬로그램의 고깃덩어리였다. 뇌를 해부하고 파헤쳐 봤자 영상도, 소리도, 기억도, 자아도 없었다. 바흐의 아름다운 멜로디, 방금 보고도 또 보고 싶은 연인의 얼굴, 그리고 "나는 생각한다, 고로 나는 존재한다."에서의 '나' ― 이 모든 것들이 결국 하나의 고깃덩어리에서 만들어진다는 사실이 여전히 믿기 어렵고 두렵기까지 하다.

인류는 오랜 역사 동안 주로 눈에 보이는 세상을 이해하는 데만 관심이 있었다. 별은 무엇이며, 어떻게 빛을 내는지. 하늘은 왜 파란지. 그리고 수학 방정식을 이용해 어떻게 만물의 운동을 표현할 수 있는지. 그러나 막상 인간의 뇌가 어떻게 그런 질문들을 던질 수 있

뇌. 현실. 기계 지능

는지는 오랫동안 과학적 질문으로 여겨지지조차 않았다. 그렇다면 우리는 언제부터 '머리'와 '생각'이 연관되어 있다는 사실을 알게 된 것일까?

실제로 고대 그리스인들은 수학과 철학에서는 찬란한 업적들을 남겼지만, 정신과 인지가 뇌가 아닌 심장에서 만들어진다고 오해했다. 어떻게 그런 가설을 세웠을까? 우선 죽은 사람과 산 사람의 가장 큰 차이가 무엇인지 생각해 보자. 죽은 자는 더 이상 숨을 쉬지 않는다. 그렇기에 고대 그리스인들은 공기를 통해 생명이 인체 안으로 들어온다고 생각하게 됐다. 그런데 적어도 두 가지 종류의 '생명'이 있어 보였다. 먹고, 마시고, 번식하는 '몸으로 사는 생명'과, 생각과 기억하고, 꿈을 꾸는 '정신적 생명' 말이다. 그렇다면 공기 역시 '생명의 공기(vital pneuma)'와 '정신의 공기(psychic pneuma)' 두 가지로 형태로 존재하지 않을까? 이미 시체 해부를 통해 상당한 해부학 지식이 있었던 그들은 공기가 입과 호흡관을 통해 허파로 전달된다는 사실을 잘 알았다. 더구나 허파로 들어간 공기는 혈관을 통해 피와 함께 심장으로 가는 듯했다. 그렇다! 수치스러운 과거를 되새기거나 아름다운 여인을 만나면 가슴이 먼저 뛰지 않는가! 우리에게 '마음이 아프다'와 '가슴이 아프다'는 같은 말이지 않던가? 아리스토텔레스는 결국 인간은 심장을 통해 생각한다 믿었고, 뇌는 단지 뜨거워진 피의 온도를 내려 주는 냉각 역할을 한다고 주장했다.

그 후 다양한 이론들이 제시되었지만, 로마 시대 최고의 의사였던 갈레노스(Claudius Galenus)기 드디이 아리스토델레스의 '뇌과학'을 뛰어넘는 가설을 세우는 데 성공한다. 외부에서 들어온 평범한 공기는 허파를 통해 '생명의 공기'로 변하고, 생명의 공기는 뇌 안에 있는 네 개의 뇌실(ventricles)을 통해 '정신의 공기'로 변한다는 이론이다. 물론 현대 뇌과학에서 보는 생각의 장기는 대뇌 피질이지 뇌실이 아니다. 하지만 가슴을 생각의 장기라 여겼던 아리스토텔레스에 비하면 상당한 혁신이었다. 로마 제국 멸망 후 후퇴했던 뇌과학은 바롤리오(Varolio)와 베살리우스(Vesalius) 같은 르네상스 학자들을 통해 다시 발달하여 생각, 기억, 감정 같은 인지 능력들이 뇌실이 아닌 두뇌 피질을 통해 이루어진다는 사실이 밝혀진다.

그러나 여전히 큰 미스터리가 하나 남아 있었다. 뇌는 분명히 만질 수 있는 물체다. 팔, 다리, 심장과 그다지 다르지 않은. 하지만 인간의 뇌는 분명히 '생각', '정신', '자아'라는, 보이지도, 만질 수도 없는 비물질적인 현상들을 경험한다. 결국 우주는 물질과 비물질, 뇌와 정신이라는 근본적으로 다른 두 가지 존재들로 구성되어 있는 것일까? 그런데 신기하다. 우리는 분명 자유 의지라는 정신적 현상을 통해 육체를 움직이는 듯하다. 어떻게 근본적으로 다른 두 가지 존재들이 서로 영향을 줄 수 있을까?

물질과 비물질 정신의 이원론을 주장했던 데카르트(René Descartes)는 고민에 빠진다. 물질과 비물질의 가장 본질적인 차이는 과연 무엇일까? 물질은 3차원 공간을 차지하며 흐르는 시간 속에 존재하는 *res extensa*지만, 인간의 기억, 자아, 영혼 같은 *res cogitans*는 시간의 영향만 받을 뿐, 공간은 차지하지 않는다. 4차원에 존재하는 뇌라는 *res extensa*는 만들어지고, 변하고, 파괴될 수 있지만, 정신이라는 *res cogitans*는 1차원에만 존재한다. 그렇다면 뇌 안에 1차원의 세상과 4차

뇌, 현실, 기계 지능

원의 세상을 연결해 주는 무언가가 있어야 한다. 데카르트는 솔방울샘(pineal gland)이 바로 육체와 영혼을 연결하는 역할을 한다는 가설을 세웠다. 이유는 간단했다. 솔방울샘이 뇌 중심에 있고 '점'에 가까운, 고로 0차원적 모양을 가지고 있기 때문이다. 0차원을 통해 1차원과 4차원의 세상들이 서로 소통할 수 있을 거라는 근거 없는 믿음이었던 것이다.

뇌라는 고깃덩어리를 조금 더 자세히 관찰해 보자. 뇌는 '뉴런'이라 불리는 10^{11}개의 세포로 구성되어 있고, 대부분의 뉴런은 수천, 또는 수만 개의 다른 뉴런과 연결되어 있다. 뇌는 결국 10^{15}개에 이르는 연결성들의 합집합인 것이다. 뉴런은 작은 나무처럼 생긴 가지 돌기(dendrite, '나무'라는 뜻의 그리스어)를 통해 다른 많은 뉴런들로부터 정보를 받아들인다. 가지 돌기에 들어온 정보는 세포체(cell body)를 거쳐 뉴런의 긴 '꼬리'를 타고 내려간다. 이 꼬리가 바로 신경 돌기(axon)다. 신경 돌기는 전선과 비슷한 역할을 한다고 할 수 있으며, 경우에 따라 길이가 몇 미터에 이르기도 한다. 신경 돌기 끝은 다른 뉴런의 가지 돌기와 연결되어 있다. 하나의 신경 돌기가 끝나는 지점은 다음 가지 돌기와 만나게 되는데, 이 지점을 '시냅스(synapse)'라고 부른다. 즉 뉴런은 생화학적으론 인체의 다른 세포들과 거의 비슷한 구조를 가졌지만, 대량의 정보를 수집하고, 처리하고, 전달할 수 있는 광범한 신호 처리 능력을 추가로 가지고 있다.

뉴런이 다른 세포와 다른 또 한 가지 특징은 대부분 한번 만들어지면 더 이상 새로 만들어지지 않는다는 점이다. 왜 뉴런은 새로 만들어져서는 안 될까? 우리는 매일 일어나며 확신한다. 오늘 아침의 '내'

가 바로 어제 침대에서 잠들었던 같은 '나'라고. 하지만 적어도 우리의 몸은 영원하지도, 항상 일치하지도 않다. 인간의 몸은 수십조 개의 세포로 구성되어 있다. 그런 세포들은 주기적으로 만들어지고, 분열하고, 죽는다. 허파 세포는 2~3주마다, 간 세포는 5개월에 한 번씩 만들어진다. 창자 세포들이 교환되는 데는 2~3일이 걸리고, '중고' 적혈구들은 4개월에 한 번씩 새로운 적혈구로 바뀐다. 피부 세포들은 시간당 3만~4만 개씩 죽어 매년 3.6킬로그램이나 되는 세포들이 몸에서 떨어져 나간다. 창문을 열어 놓지 않아도 바닥에 하얗게 쌓이는 '먼지' 대부분이 바로 얼마 전까지 '영원히' 대리석 같은 피부로 만들기 위해 씻고, 바르고, 마사지해 주었던 우리들의 한 부분이었던 것이다. 우리는 매일 조금씩 변신하고 있다. 그런데도 변하지 않는 듯한 '나'라는 그 정체성은 바로 더 이상 새로 만들어지지 않는 뉴런 덕분이라고 가정할 수 있겠다.

뇌를 연구하며 자주 느끼는 점이 하나 있다. 도대체 뇌는 왜 그렇게 복잡해야 할까? 뇌 회로망은 꼭 그렇게 비효율적이고 비논리적인 구조여야 하나? 그럴 때마다 뇌과학은 자연과학이라기보다 고고학에 더 가깝다는 생각이 든다. 로마나 예루살렘같이 수천 년 전부터 사람들이 살아왔던 도시를 방문하면 비좁고 비효율적인 도로 설계에 놀라곤 한다. 물론 이유는 간단하다. 허허벌판에 신도시를 세우는 우리나라와는 다르게 대부분 고대 도시들은 한 번에 논리적인 계획 아래 설계되기보다는 시간이 흐르면서 자연스럽게 성장하기 때문이다. 새로운 길이 만들어질 때 특별한 이유가 없다면 기존 길이 유지된다. 있는 걸 없애는 것도 시간과 자원이 들기 때문이다. 비슷하게 뇌 역시

뇌, 현실, 기계 지능

'여러 뇌들'로 구성되어 있다고 볼 수 있다. 진화적으로 오래된 뇌들이 여전히 고스란히 남아 있다는 말이다. 결국 뇌가 컴퓨터와 비슷한 역할을 한다면 인간 뇌 안엔 여러 대의 컴퓨터가 동시에 작동하고 있다는 가설을 세울 수 있겠다.

그럼 뇌 안엔 어떤 컴퓨터들이 존재하고 있을까? 적어도 세 가지 질적으로 다른 운영 체제를 가친 컴퓨터들이 우리의 행동을 통제하지 않을까 싶다. 우선 교뇌, 뇌간 등에 자리 잡은 파충류식 신경 회로망은 '현재' 위주로 작동한다. 지금 먹을 것이 눈앞에 보이면 건강이나 도덕적 기준을 고려하지 않고 우선 먹고 본다. 물론 이건 위험할 수도 있는 행동이다. 그래서 그다음 단계로 '과거'를 기억하는 포유류식 뇌가 변연계(limbic system)를 중심으로 자리 잡게 된다. 음식이 앞에 있어도 과거 비슷한 경험을 기반으로 먹어도 되는지 아니면 참고 지나가야 하는지를 결정할 것이다. 과거 기억 위주로 결국 '좋다' 또는 '나쁘다'라는 도덕적 기준들이 생기고, 이런 기준들이 아마도 감정의 원천 출처가 아닐까라고 생각해 볼 수 있다. 인간 같은 영장류의 뇌는 신피질(neocortex)이 특히 크고 그 아래에 있는 기존 뇌 전체를 덮고 있다는 걸 관찰할 수 있다. 그럼 신피질은 어떤 성격의 컴퓨터일까? 진화적 구식 뇌들이 현재와 과거 위주로 작동한다면, 신피질은 아마도 '미래' 성향의 운영 체제를 가져야 하지 않을까라는 이론을 세워 본다. 그래서 결국 신피질이 발달한 인간은 눈앞에 당장 먹음직스러운 음식이 있어도 식량이 모자랄 수 있는 미래를 걱정해 지금 당장의 행복을 희생하는 현명함을 가지게 된다. 같은 시간과 조건 아래 인간은 대부분 한 가지 선택만을 할 수 있다.(파이를 먹든가 키우든가 둘 중 하나만 가능하다.) 하지만 뇌는 동시에 현재, 과거, 미래 위주의 세 가지 진실과 도덕을 제시하는지도 모른다.

대뇌 피질은 얼핏 보면 균일하게 보일지 몰라도, 각각의 부분은 다른 역할을 하고 있다. 이 아이디어는 17~18세기에 오스트리아 비엔나에 살던 프란츠 갈(Franz Gall)이 제안한 '골상학(phrenology)'이다. 골상학에 따르면 뇌의 각 부분은 다른 역할을 하고 있다. 예를 들어 뇌의 앞부분은 사랑을, 뒷부분은 지적인 능력을 담당한다는 식이다. 게다가 골상학자들은 두개골의 모양으로 사람의 지적인 수준이나 성격 등을 판단할 수 있다고 생각했다. 뇌의 어떤 부분이 다른 부분보다 더 능동적이라면 그 부분이 더 커지고 그 결과로 두개골이 커진다는 이론이다. 물론 현대 뇌과학으로는 말도 안 되는 난센스지만, 뇌 영역과 기능 간에 밀접한 관계가 존재한다는 골상학적 철학은 여전히 의미 있다. 예를 들어 뇌 뒷부분에 있는 후두 피질(occipital cortex)은 시각을 담당하고 있는데, 망막으로부터 물체가 시상핵을 통해 후두 피질에 투사된다. 청각은 뇌의 좌우에 있는 측두 피질(temporal cortex)이 담당한다. 생각하는 기능과 판단하는 기능은 뇌 앞부분에 있는 전두엽이 맡고 있다.

뇌의 여러 영역들은 세상에 대한 정보를 단순히 처리하는 것만이 아니다. 때로는 바깥 현실에 대한 '지도'를 만들기도 한다. 예를 들면 뇌 중간 부분에 있는 감각 피질(somatosensory cortex)은 신체 구조를 '지도화'해 구현하고 있다. '인체 모형'이라 불리는 뇌 안의 '몸 지도'는 약간 특별한 모습을 가지고 있다. 예를 들어 손가락이나 얼굴 같은 부분은 실제보다 더 크게, 그러나 목이나 등은 실제보다 더 작게 표현

뇌, 현실, 기계 지능

되어 있다. 왜 그럴까? 몸을 손가락, 손, 다리의 절대적 크기가 아니라 정보 처리의 중요도 위주로 표현했기 때문이다. 뇌는 현실을 있는 그 대로 표현하지 않는다. 뇌에게 필요한 만큼의 현실을, 뇌에게 도움될 만한 정도로만 인식할 뿐이다.

그렇다면 뇌와 '나'는 정확히 어떤 관계를 가지고 있는 것일까? 1848년 미국 버몬트 주 철도 공사장에 일하던 피니어스 게이지에게 끔찍한 일이 벌어졌다. 폭발물 사고로 긴 철봉이 머리를 뚫고 지나간 것이다. 다행스럽게도 목숨은 건질 수 있었지만, 누구도 기대하지 못 했던 일이 게이지에게 벌어졌다. 사고 전 성실하고 믿음직한 일꾼으로 알려졌던 그의 성격이 180도 바뀐 것이다. 친구들이 "더 이상 우리가 알던 사람이 아니다."라고 할 정도로 게이지는 성실하지 않았고, 성격은 포악해졌으며, 일에도 관심이 없어졌다. 그에게 무슨 일이 벌어진 것일까? 철봉은 그의 머리를 뚫고 전두엽을 관통했다. 현대 뇌과학에선 대부분 전두엽이 인간의 성격을 좌우한다고 가정한다. 그렇다면 참 신기하다. 성격이란 무엇인가? 부모에게 물려받은 유전적 영향도 있을 것이고, 또 상당히 길고 오랜 세월을 통해 지금 나의 성격이 만들어지는 게 아니었나? 하지만 게이지의 이야기는 이 글을 쓰는 나, 또 지금 이 순간 이 글을 읽고 있는 독자들 역시 전두엽에 있는 신경 세포들이 파괴될 경우 하루아침에 '다른 사람'이 될 수 있다는 가능성을 제시한다.

몇 년 전 한 판사에게서 어느 기업 임원이 갑자기 부인을 해한 살인 사건에 대해 들은 적이 있다. 그진까지 한 번도 법적인 문제가 없었던, 성실히 살았던 사람이 왜 돌연 부인을 죽였을까? 재판 당시 변호사는 피고인의 전두엽에 암이 생겼다는 사실을 밝혔고, 전두엽이 사람의 성격을 좌우하므로 그 살인은 자유 의지가 아닌, 망가진 전두엽 때문이라고 주장했다. 그러나 판사는 그 의견을 받아들이지 않았다. 영미법은 인간이 독립적이고, 자유로운 선택을 통해 행동을 하므로 자신의 선택을 책임져야 한다고 가르치지, 그 어디에도 신경세포가 책임진다는 말은 없기 때문이란다. 우리 뇌과학자들은 게이지 사건을 들먹이며 반박했지만, 판사의 말에 다시 조용해질 수밖에 없었다.

"물론 저도 전두엽에 대한 연구들을 알고 있습니다. 하지만 저희가 그런 결과들을 받아들이기 시작하면, 사회 질서가 무너질 겁니다. 누구도 자신의 행동이나 선택을 책임지려 하지 않을 것이기 때문이지요. 성폭행을 하곤 '죄송합니다, 한순간 감성을 좌우하는 제 뇌 영역이 통제가 안 되었나 보네요.'라며 책임을 회피하려 할 것입니다. 뇌과학 결과가 진정 사실이라 해도, '책임'이 없는 사회를 당신 뇌과학자들이 책임지실 생각이 없다면, 아무리 비과학적이라도, 우리는 인간이 여전히 '독립적이고', '자유롭고', '자신의 행동을 책임질 수 있다'는 착시를 믿으며 사는 게 더 좋지 않을까요?"

움베르트 에코의 유명 소설 『장미의 이름』에 인생의 허무함을 표현하는 "그 아무리 아름다운 장미도 결국 남는 건 이름 하나뿐이다."라는 말이 나온다. 물론 이름 외에도 남는 게 하나 더 있다. 바로 장미에 대한 우리의 기억이다. 우리가 치매를 두려워하는 건, 기억을 잃는 순간 '나'라는 존재가 더 이상 지금 이 순간의 내가 아닐 것이라는 두려움 때문이다. 그런데, '나'라는 존재를 매일 잃은 사람이 있었다.

1926년부터 2008년까지 살았던 헨리 몰래슨(Henry Gustav Molaison, HM이라고 불림)이라는 사람은 간질을 앓기는 했지만 그 외에는 그저 평범한 젊은이였다. 스물일곱 살 되던 해, 그는 의사의 조언에 따라 간질을 일으키는 뇌 부위를 제거하는 수술을 받기로 결심했다. 제거된 부위는 내측두엽이었고 해마라는 영역도 포함하고 있었다. 해마 없이는 새로운 기억이 만들어질 수 없다는 사실을, 당시에는 아무도 몰랐다. 수술 후 HM은 예전 일은 완벽하게 기억했지만 새로운 기억은 만들 수 없었다. 2008년에 사망할 때까지 HM은 매일 아침 일어날 때마다 자신에게 일어났던 일을 기억하지 못했고, 왜 병원에 있는지도 알지 못했다. 의사의 설명을 듣곤 슬퍼했지만, 금방 다시 잊어버리고 "내게 무슨 일이 일어났느냐?"라며 되묻는 날들이 50여 년 동안 매일매일 계속됐다. HM에게 '나'라는 존재의 의미는 과연 무엇이었을까? 그에게 과거란 무엇이고, 미래란 단어의 의미는 무엇이었을까? 새로운 기억을 만들어 내지 못하고 5분마다 자신의 삶을 타인을 통해 매번 새로 인식해야 했던 HM에겐 어쩌면 '나'라는 단어는 무의미했을 수도 있다. 기억 없이는 '나'라는 정체성 자체가 불가능하기 때문이다.

그런데 만약 나의 기억이 사실이 아닐 수도 있다면? 아니, 거꾸로 내가 원하는 기억을 돈을 주고 살 수 있는 세상이 온다면 어떨까? 기억은 뉴런들의 전기적 활성 패턴을 통해 만들어지고 저장된다. 뉴런들이 정확히 어떤 신호적 코드를 통해 정보를 처리하는지는 아직 밝혀지지 않았지만, 적어도 시각 정보 처리에 사용되는 코드들은 부분적으로 판독되고 있다. 그렇다면 만약 미래에 뉴런들의 기억 코드까지 밝혀진다면, 전기적 자극을 통해 기억에 관련한 정보들을 뇌에 직접 전달할 수 있지 않을까?

원하는 정보를 뇌에 전달하는 과정을 '뇌에 글쓰기(brain writing)'라 부르는데, 완벽한 브레인 라이팅을 위해 풀어야 할 숙제가 하나 있다. 우선 '글쓰기'가 무엇인지 생각해 보자. 글을 쓴다는 것은 하얀 종이 면적 99퍼센트를 유지하고 나머지 1퍼센트만 '검은색'으로 변화시키는 과정이다. 검은색과 하얀색의 차이를 통한 코드로 우리는 원하는 정보를 전달할 수 있다. 뇌도 이와 비슷하게 자극해야 할 신경 세포와 자극해서는 안 되는 신경 세포에 차이가 있다. 하지만 전기적 자극을 주게 되면 어쩔 수 없이 모든 뉴런이 자극을 받게 된다. 마치 A4 용지 전체를 먹칠하듯 말이다. 그럼 어떻게 원하는 신경 세포에만 자극을 줄 수 있을까? 최근에 개발된 '광유전자적' 기술들을 생각해 볼 수 있다. 광유전자적 기법에선 우선 원하는 신경 세포만 선택해 유전자 조작을 한다. 신경 세포는 전기적 자극뿐 아니라 특정 파장의 빛에도 반응을 보이는데, 이는 빛의 파장을 조절해 원하는 정보를 원하는 신경 세포에만 직접 전달할 수 있다는 말이 된다.

광유전자를 사용한 다양한 실험들이 있지만, 이 중 MIT 도네가와(Susumu Tonegawa) 교수 팀의 기억 조작 연구가 가장 논란이 되고 있다. 실험은 단순하다. 광유전자(optogenetics) 방법을 통해 해마가 조작된 실험 동물에게 평범한 첫 번째 방을 경험하게 한 뒤 두 번째 방에서 전기 자극을 받게 한다. 당연히 동물에게 두 번째 방이 '전기 자극'이라는 나쁜 경험으로 기억되어야 한다. 하지만 광유전자적으로 해마를 조작한 결과 동물은 나쁜 경험이 없었던 첫 번째 방을 전기 자극을 받은 장소로 착각하기 시작한다. 마치 서울에서 소매치기당하고, 대전에서 경험한 것으로 기억하듯 말이다. 물론 도네가와 교수 팀은 완전히 새로운 기억을 만든 것이 아니라 단순히 사전에 가지고 있던 기억을 혼동시켰을 뿐이다. 완벽한 허위 기억을 만들어 내기 위해선 기억 코드 그 자체를 이해하고 뇌에 전달해야 하지만, 현대 뇌과학 수준으론 아직 불가능한 실험이다. 소매치기당한 적 없는 사람에게 소매치기당했다는 허위 기억을 만들어 낼 수는 없다는 말이다.

그렇다면 진정한 기억 조작과 기억 이식은 근본적으로 불가능할까? 우선 기억이란 몸과 행동을 통한 직접적 경험에 기반을 둬야만 가능하다고 가정해 볼 수 있다. 기억이란 항상 '나'라는 자아의 기능이기에, '나'와 독립된 추상적인 기억은 있을 수 없다는 것이다. 이 가설이 맞다면 우리는 이미 가지고 있는 기억은 변형할 수 있어도 존재하지 않는 경험을 무에서부터 만들어 낼 수는 없을 것이다. 하지만 만약 반대로 기억이란 뇌의 객관적인 특정 상태이기에 마치 여러 컴퓨터에서 동일한 결과를 내는 소프트웨어같이 다양한 뇌에서 '돌릴 수' 있다면? 그렇다면 타인의 경험 역시 충분히 나의 기억으로 느껴질 수 있다. 더 나아가 먼 미래엔 어쩌면 나의 모든 기억을 통째로 타인의 뇌에 입력할 수 있을지도 모른다. 하지만 '나'는 내 기억의 합집합이지 않나? 내 기억을 타인에게 복사하는 것은 고로 '나' 자신을 복사하는 것으로 해석해야 하지 않을까? 미래학자 커즈와일(Raymond Kurzweil)은 그렇기에 언젠간 완벽한 기억 이식을 통한 영생도 가능하다고 주장한다.

문제의 원인은 간단하다. 뇌가 머리 안에 있기 때문이다. "뇌가 머리 안에 있다니?" 너무나 당연한 이야기 아닌가? 그렇다. 하지만 다시 한 번 생각해 보자. 뇌는 1.5킬로그램짜리 고깃덩어리고 그 고깃덩어리는 두개골이라는 어두컴컴한 '감옥' 안에 갇혀 있다. 뇌는 현실을 직접 체험할 수 없다. 한여름 파란 하늘도, 사랑하는 여인의 부드러운 입술도 직접 경험할 수 없다는 말이다. 플라톤은 인간을 어두운 동굴 안에 갇혀 사는 죄인에 비교한 바 있다. 세상을 직접 경험할 수 없는 이들은 동굴 입구 작은 구멍을 통해 비치는 그림자를 현실로 착각해 다양한 가설을 만들어 낼 뿐이라는 것이다. 뇌도 비슷하다. 눈, 코, 귀로 전달되는 정보를 통해 뇌는 사물과 세상에 대한 추론을 만들어 낸다. 그렇다면 뇌가 현실을 있는 그대로 인식하기 위해서는 완벽한 귀와, 코와, 눈이 필요하다.

그런데 여기서 문제가 발생한다. 인간이 가지고 있는 눈, 코, 귀는 사실 공학적으로는 실패작에 가깝기 때문이다. 인간을 포함한 대부분 영장류들은 뇌의 3분의 1을 시각 정보 처리에 사용한다. 그만큼 인간은 '보는 동물'이라는 말이다. 그렇기에 키케로(Cicero)는 눈을 마음의 창문이라고 하지 않았던가? 하지만 안타깝게도 인간의 눈은 마음의 창문이기에는 부족한 점이 너무 많다. 우선 구조 자체가 근본적으로 잘못되어 있다. 빛은 렌즈를 통해 망막에 닿게 되는데, 빛을 감지하는 특수 세포들은 희한하게도 빛이 들어오는 방향이 아닌 망막 뒤쪽에 자리 잡고 있다. 망막 안에는 다양한 세포와 혈관이 있어 바깥 세상에서 들어오는 영상들엔 어쩔 수 없이 그림자가 생기게 된다. 하지만 우리 눈에 보이는 세상엔 그런 그림자가 존재하지 않는다. 왜 그럴까? 뇌는 눈을 통해 들어오는 영상들의 절댓값이 아닌 시간적 차이를 분석하기 때문이다. 대부분 외부 물체들은 움직이기에 시간에 따른 변화가 있지만, 눈 내부 세포와 혈관은 변하지 않는다. 뇌는 그렇다면 "변하지 않는 것들은 사실 존재하지 않는다."라는 규칙 하나만으로 망막에 존재하는 수많은 그림자를 깔끔하게 제거할 수 있다. 하지만 잠깐! 외부 세상엔 바위나 나무같이 움직이지 않는 물체 역시 존재하지 않는가? 움직이지 않지만 존재하는 물체를 인식하기 위해 눈은 잠시도 가만히 있지 않는다. 우리도 모르게 눈은 항상 움직이고 있다는 것이다. 덕분에 망막에 닿는 외부 물체들은 망막 내부에 생기는 그림자와는 달리 수시로 변한다. 빛을 감지하는 세포들이 망막 뒤쪽에 있다 보니 또 다른 공학적 문제가 발생한다. 감지된 정보를 뇌에 전달할 뚜렷한 방법이 없다는 점이다. 결국 망막에서 나오는 시신경들은 다시 망막 한 부분을 파고 뇌로 전달된다. 이렇게 파인 망막 한 부분에선 빛을 감지할 수 없으며, 이 '맹점'이라고 불리는 커다란 시야 한 부분에서는 사실 아무것도 보이지 않는다. 하지만 우리에게 보이는 세상엔 그런 '블랙홀'이 존재하지 않는다. 이것 역시 뇌의 역할 덕분이다. 뇌는 시야에 보이는 블랙홀이 사실 외부 세상에는 존재하지 않는다는 걸 안다. 그리곤 맹점 주변 배경들을 마치 워드 프로세서의 ctrl-c 그리고 ctrl-v 하듯 복사해 블랙홀 안에 채워 버리는 것이다. 눈은 마음의 창문이 아니다. 직접 보고 듣는 그 자체만으로 얻을 수 있는 정보가 한정되어 있기에, 우리가 지각하는 세상엔 언제나 뇌의 수많은 과거 경험과 미래 희망과 현재 가설들이 포함되어 있다. 현실은 뇌가 보는 것이 아니다. 뇌가 아는 것을 보는 것이 바로 현실이다.

무엇을 먹고, 누구를 사랑하고, 어떤 일을 한다. 어쩌면 인생 그 자체는 수많은 선택들의 사슬이라고 볼 수 있다. 그리고 우리는 믿는다. 인간에겐 선호의 자유가 있고, 선택은 선호를 실천하는 것이라고. 하지만 정말 그럴까? 1981년 노벨상을 받은 스페리(Roger Sperry) 교수는 '분할 뇌 연구'를 통해 선택의 자유에 대해 흥미로운 가설을 제시했다. 몸의 오른쪽을 통제하는 좌뇌와 왼쪽을 담당하는 우뇌는 뇌량(corpus callosum)이라는 약 2억 개의 케이블로 연결되어 있고, 언어 능력은 대부분의 경우 좌뇌만 가지고 있다. 만약 뇌량을 끊어 버리면 어떤 일이 벌어질까? 이런 뇌량 제거 수술은 간질병 발작이 심해지는 것을 방지하기 위해 가끔 이루어지는데, 수술 후 분할된 뇌를 가지게 된 환자들을 실험한 스페리는 놀라운 결과를 얻을 수 있었다. 만약 환자에게 닭발을 왼쪽 뇌에만 보여 준 후 무엇을 보았느냐고 물어보면 언어를 이해하는 좌뇌는 쉽게 "닭발"이라고 말한다. 거꾸로 겨울 풍경을 우뇌만 보게 하고 물어보면, 언어 처리 능력이 없는 우뇌는 말을 못 하고, 그 대신 아무것도 보지 못한 좌뇌는 "아무것도 보지 못했다."라고 대답한다. 그다음 다양한 사진들을 올려놓고 왼손 또는 오른손을 가지고 본인이 원하는 사진을 자유롭게 선택하라고 한다. 오른손은 좌뇌가 통제하므로, 대부분 환자는 닭과 연관된 사진을 선택하고 이유를 물어보면 조금 전 닭발을 보았기 때문이라고 설명한다. 거꾸로 우뇌는 겨울 풍경을 보았기 때문에 왼손은 대부분 겨울 풍경과 연관된 사진을 선택한다. 만약 이런 환자에게 왜 그 사진을 선택했느냐고 물어보면 대답은 역시 언어를 모르는 우뇌 대신 좌뇌가 해야 한다. 좌뇌는 왼손 선택의 이유를 알 수 없고, 사실은 '모른다'라고 답하는 게 최선일 것이다. 하지만 좌뇌는 선택의 이유를 모른다는 솔직한 대답보다는 '작년에 스키 타러 갔던 게 기억나서'(그런 적 없음) 또는 '실험 전 로비에서 겨울 풍경이 들어 있는 잡지를 보았기 때문'(그런 잡지 없음) 같은 그럴싸한 작화(confabulation)를 만들어 내기 시작한다. 스페리는 분할 뇌 실험의 결과들이 빙산의 일각일지도 모른다고 주장한다. 우리는 매일 수많은 선택을 해야 하고, 유전, 교육, 우연, 환경, 주변 상황 같은 셀 수 없이 많은 요소들에 의해 대부분의 선택이 내려진다. 어쩌면 우리는 자유롭게 선호하고 선택한 행동을 실천하는 게 아니라, 먼저 무의식적으로 선택된 행동을 하고 그 후 우리의 행동을 정당화하는지도 모른다는 주장이다. 스페리의 가설이 맞다면 인간은 선택의 자유를 가진 게 아니라 선택 정당화의 자유만을 가지고 있는지도 모른다.

137억 년 전 어느 날. '빅뱅'으로 탄생한 우주는 $10^{-36} \sim 10^{-33}$초 사이 기하급수적으로 급팽창한다. 무한으로 작은 점에서 시작해 1000억 개가 넘는 은하가 만들어졌고, 은하마다 1000억 개가 넘는 별이 있다. 대부분 별들은 행성을 가지고 있고, 수많은 행성엔 아마도 생명체들이 존재할 것이다. 어디 그뿐일까? 만약 우주가 정말 급팽창으로 출발했다면 우리가 살고 있는 우주 외에 무한에 가까운 평행 우주들이 존재할 가능성을 배제할 수 없다. 지금 이 순간 우리와 단 원자 몇 개 차이로 닮은 수많은 '나'들이 웃고, 울고, 일하고, 죽어 갈 수 있다는 말이다. 1000억 개의 은하들. 137억 년. 우주의 급팽창. 평행 우주들. 아인슈타인의 상대성 이론에 따르면 시간과 공간은 마치 고무줄같이 늘어나거나 줄어들 수 있다. 양자역학은 동일한 물체가 같은 시간 여러 곳에 존재할 수 있으며 '무'에서 '유'가 만들어질 수 있다고 가르친다. 상상만 해도 머리가 아프다. 아니, 사실 상상이 가지 않는다. 현대 과학이 주장하는 현실과 우리가 살고 있는 지구, 대한민국, 회식 자리, 전세 대출, 지방 선거……. 이 둘은 서로 아무 상관 없어 보인다. 도대체 왜 그럴까? 답은 어쩌면 간단하다. 뇌에게 '현실'이란 진화 과정에 의미가 있는 정보의 합집합이기 때문이다. 던지면 땅으로 떨어지는 돌. 마시면 시원한 물. 어제와 오늘 큰 차이 없어 보이는 친구의 얼굴. 우리 뇌에겐 모두 의미 있는 정보들이다. 하지만 별과 별 사이 중력의 힘. 1000억이라는 숫자. 무한으로 작은 공간에서 일어나는 양자역학적 현상들. 우리 뇌의 진화에 아무 영향을 끼치지 못한 사건들이다. 무의미한 정보는 처리할 수 없다. 아니, 뇌는 그런 정보가 존재한다는 사실 자체를 알 수 없다. 어둡거나, 밝거나, 움직이는 작은 점들만 인식할 수 있도록 진화한 개구리의 뇌가 아름다운 무지개와 레오나르도 다빈치의 「모나리자」를 상상할 수 없듯이 말이다.

할리우드 영화의 단골 주제인 지능과 의식을 가진 기계들은 과연 가능할까? 어린아이들은 큰 노력 없이 뛰어다니며 동물을 구별한다. 하지만 인류 최고의 기술로 만들어졌다는 로봇들은 불쌍할 정도로 비틀거리며 걷고, 초당 10^{15} 숫자들을 처리할 수 있는 슈퍼컴퓨터로도 다양한 상황에서 강아지와 고양이를 구별하긴 여전히 쉽지 않다. 왜 뇌에게는 쉬운 문제들이 기계들에게는 이렇게 어렵고, 26827×89521같이 기계들에게 쉬운 문제들은 뇌에게 어려운 것일까?

헝가리 출신 수학자 폰 노이만(John von Neumann)은 뇌와 컴퓨터가 질적으로 다른 논리 기반으로 정보를 처리한다고 주장했다. 모든 문제를 작게 쪼갠 후 순서대로 빠르게 처리하는 컴퓨터와 달리, 뇌는

뇌, 현실, 기계 지능

느린 속도로 병렬적으로 정보를 처리한다는 말이다. 다시 말해, 컴퓨터에겐 순차적인 논리적 깊이, 그러나 뇌에겐 병렬적인 논리적 폭이 더 중요하다는 것이다. 그렇다면 뉴런 간의 정보 처리 원리는 과연 무엇일까? 수만 개의 뉴런과 연결된 신경 세포는 세포의 활동량을 높여 주는 뉴런과 활동량을 억제하는 뉴런으로 나뉜다. 만약 한 뉴런이 연결된 모든 뉴런으로부터 신호를 받아야만 자신도 신호를 보낼 수 있다면 어떨까? 그리고 또 다른 뉴런은 연결된 뉴런 중 단 하나의 뉴런에서만 신호를 받아도 작동할 수 있다면? 유레카! 모든 조건이 만족되어야만 값을 낼 수 있는 논리적 'AND'와 조건 중 하나만 만족돼도 작동할 수 있는 논리적 'OR'와 동일한 기능이지 않은가! 그렇다면 잘 연결된 신경 세포들만으로 컴퓨터의 기본인 논리 회로를 만들 수 있겠다! 거꾸로 논리 회로를 사용해 뇌와 동일한 기능 역시 만들 수 있지 않을까?

지능과 마음을 가진 기계를 만들 수 있다는 믿음 아래 1956년 미국 다트머스 대학교에 모인 '인공 지능' 학자들은 질문한다. 뇌의 모든 기능을 한 번에 모방하긴 무리다. 그렇다면 무엇을 먼저 모방해야 할까? 답은 간단해 보였다. 가장 어려운 기능을 우선 재연하면 나머지 기능은 누워서 떡 먹기이지 않겠는가? 첫사랑의 따뜻한 입술을 영원히 간직하는 기억? 셰익스피어의 이아고와 리처드 3세의 교활한 말솜씨? 움직일 수 없는 몸에 갇혀 수억 광년 먼 우주를 탐구하는 마음? 아니, 다 아니다. 대부분 수학을 전공한 초기 인공 지능 학자들은 뇌의 가장 복잡한 기능이 수학과 체스 게임일 거라고 생각했다. 시작은 정말 환상적이었다. 몇 개월 만에 대부분 사람을 이길 수 있는 체스 프로그램이 개발되고, 컴퓨터가 어려운 수학 문제들을 풀기 시작했으니 말이다. 역시 뇌는 아무것도 아니었구나! 1~2년 안에 인간을 뛰어넘는 지능, 그리고 언젠간 마음을 가진 기계를 만들 수 있겠다! 하지만 60년이 지난 오늘, 인공 지능은 여전히 영화에서나 볼 수 있다. 도대체 뭐가 잘못된 것인가? 미분 방정식은 1초에 수억 개씩 풀면서, 어린아이도 알아보는 개와 고양이는 왜 구별하지 못할까?

답은 의외로 단순하다. '쉽다'와 '어렵다'의 개념이 처음부터 틀렸기 때문이다. 사물을 알아보고, 말하고, 기억하는 것은 사실 너무나 어려운 문제들이다. 하지만 수천만 년간 진화 과정을 통해 이 어려운 문제들은 다 풀렸다. 우리 뇌는 정답을 이미 알고 있는 것이다. 정답을 알기에 문제가 쉬워 보일 뿐이다. 하지만 고등수학과 체스 게임은 진화적으로 한 번도 풀 필요가 없었던 무의미한 문제들이기에 뇌는 정답을 모르고, 정답을 모르기에 어렵게 느껴지는 것이다. 그럼 진화적으로 만들어진 지능의 원리는 무엇일까? 진돗개, 그레이하운드, 흑백사진의 개, 머리만 보이는 개. 세상에는 너무나도 다양한 '개'라는 존재들이 있다. 고양이, 사과, 사랑, 정의. 비슷하게 우리가 사용하는 모든 개념은 다양한 예제들의 합집합이다. '개', '고양이', '정의'라는 이런 합집합은 어떻게 만들어질까? 이는 중세기 스콜라 철학의 핵심 질문이기도 하다. 우리 눈에 보이는 모든 개들은 사실 이데아 세상에만 존재하는 '원조-개'의 시뮬라크라이기에 가능한 것일까? 아니면 아리스토텔레스가 주장한 대로 개들의 교집합을 단순히 '개'라는 이름으로 묶어 표현하는 것일까? 하지만 이데아 세상의 '원조-개'가 어떻게 생겼는지 인간이 알 리 없고, 경험할 수 있는 수많은 예제들의

뇌, 현실, 기계 지능

교집합은 대부분 0에 가깝다. 인공 지능을 통한 사물 인식이 60년 동안 실패한 이유다.

폰 노이만이 뇌를 모방한 인공 지능에 대해 생각한 반면, 영국 수학자 튜링(Alan Turing) 은 조금 더 색다른 질문을 했다. 만약 인공 지능이 가능해진다면, 기계가 생각하는지 어떻게 알아낼 수 있을까? 그리고 도대체 우리는 다른 사람들이 생각하고 있다는 걸 어떻게 알고 있는 걸까? 생각이란 지극히 내면적이다. 내가 생각한다는 걸 나는 분명히 알고 있지만, 다른 사람들도 나와 같이 세상을 보고, 느끼고, 의식이 있는지는 알 수 없다. 그래서 데카르트도 "나는 생각한다, 고로 나는 존재한다."라 했지, "너는 생각한다, 고로 너는 존재한다."라고는 말할 수 없었던 것이다. 사람들은 비슷하게 생기고, 비슷한 행동을 하며, 비슷한 인생을 살아간다. 그래서 우리는 비슷한 다른 사람들 뇌 안에도 우리와 같은 생각과 의식이 존재할 거라고 단순히 믿어 주는 것이다. 반대로 우리와 조금만 다르게 생겨도 그들의 내면적 세상을 부인한다. 16세기 스페인에서 도착한 정복자들은 단지 다르게 생겼다는 이유로 남미 원주민들은 영혼을 가지지 않았다고 주장하며 학살했고, 19세기 남부 미국인들은 흑인은 아무리 채찍에 맞아도 백인 같은 영혼적 아픔은 느끼지 못한다고 지껄거렸다. 기계가 생각할 수 있는지 어떻게 알 수 있을까? 튜링이 제시한 방법은 간단하다. 누가 사람이고 누가 기계인지 모르는 상황에서 모든 질문을 해 본 후 사람과 기계를 구별할 수 없다면, 그 둘은 행동적으로 동일하다. 그리고 우리가 다른 사람의 내면적 세상이 존재한다는 직접직인 증명 없이도 그들이 생각할 수 있다고 믿어 준다면, 사람과 행동적 구별이 되지 않는 기계 역시 내면적 생각과 의식을 가지고 있다고 믿어 주어야 한다는 것이다. 그걸 거부한다면 우리는 또다시 인종 차별과 비슷한 새로운 '기계 차별'을 하게 되는 것이다.

하지만 단순히 사람과 구별할 수 없을 정도로 비슷한 행동을 한다고 해서 기계가 지능을 가지고 있다고 정의할 수 있을까? 버클리 대학의 설(John Searle) 교수는 '중국인 방'이라는 사고 실험(Gedankenexperiment)을 통해 문제를 제시한다. 상상해 보자. 중국어를 모르는 내가 복잡한 한자들로 가득 찬 종이들을 받는다면? 다행히 이해할 수 없는 중국어 끝에 영어나 한글로 "이런 한자가 나오면 앞으로 이런 것들을 하세요."라는 설명이 적혀 있다면? 처음에는 어렵겠지만, 시간이 지나면 한자의 생김새를 통해 다양한 일을 할 수 있겠다. 어쩌면 내가 '중국인 방의 달인'이 되어 나의 반응이 중국어를 이해하는 원어민의 반응과 큰 차이가 없을 수도 있다. 하지만 나는 여전히 중국어를 모른다. 이해하지 못하는 기호들을 형식적인 규칙에 따라 처리하고 있을 뿐이다. 설 교수는 인공 지능 역시 비슷한 문제를 가지고 있다고 지적한다. 아무리 행동적으로 구별되지 않더라도 인간과 기계는 본질적 차이를 가지고 있다는, 즉 인간은 기계가 영원히 가질 수 없는 내면의 세계, *res cogitans*를 가지고 있다는 점이다.

다시 한 번 생각해 보자. 세상은 존재한다. 하지만 세상이 다양한 사건과 물체로 분리되는지는 확신할 수 없다. 아니, 물리학적 개념으로는 만물이 양자역학적 파동으로 연결되어 있는지도 모른다. 그렇기에 파르메니데스(Parmenides)가 이미 3000년 전 주장하지 않았던가. 변화는 없고, 모든 게 하나라고. 하지만 뇌는 언제나 변화와 다양성을 인지한다. 왜 그럴까? 세상을 바라보는 눈, 코, 귀 모두 한정된 해상도를 가지고 있기 때문이다. 무슨 해상도냐고? 물론 양자역학적 차원도, 은하들 간의 천문학적 수준도 아닌 생물학적 규모의 해상도일 것이다. 특정 크기의 창문들을 통해 세상을 바라보듯, 뇌는 지각 가능한 해상도 내에서 세상을 바라본다. 이렇게 바라본 세상엔 무엇이 보일까? 대부분 무의미한 랜덤 신호들일 것이다. 하지만 가끔 반복된, 그리고 반복되기에 예측 가능한 신호들이 관찰되고, 대부분 사람들에게 비슷하게 관찰된 패턴들은 전통과 합의를 통해 '개', '고양이', '정의'라 불리게 된다. 하지만 잠깐! 뇌가 경험할 수 있는 예제들의 교집합이 대부분 0에 가깝다 하지 않았던가? 그렇다. 진돗개, 시츄, 그레이하운드. 아무리 비교해 봤자 반복된 패턴 찾기는 쉽지 않다. 하지만 만약 한정된 해상도를 여러 계층으로 나눠 본다면? 가장 아래 계층에선 섬세한 차원의 교집합들을 찾아볼 수 있다. 점, 선, 뭐 그런 것들 간의 통계학적 관계들 말이다. 그 위 차원에선 조금 더 복잡한, 네모, 세모, 동그라미 같은 모양들이 반복되는지 알아볼 수 있다.

'깊은 학습(deep learning)'이라 불리는 이 이론은 지능과 마음은 결국 계층적으로 반복된 교집합들을 찾는 과정을 통해 만들어진다고 주장한다. 하루살이, 개구리, 병아리. 많아야 1, 2층의 신경망 구조를 가진 이들에 비해 인간의 뇌는 약 열 개 정도의 계층을 가지고 있다. 깊은 학습 이론이 옳다면, 인간은 열 배 더 복잡한 통계학적 관계들을 이해하고 더 고차원적으로 반복된 패턴들을 예측할 수 있기에 하루살이, 개구리, 병아리보다 더 큰 슬픔과 더 큰 기쁨을 느끼고 더 깊은 생각을 할 수 있다는 것이다. 마음이란 무엇인가? 위스콘신 대학의 토노니(Giulio Tononi) 교수는 마음이란 신경 회로망 계층들을 지나 가장 '높은 층' 전두엽으로 모여 가는 시공간적 정보 패턴의 형태라고 주장한다. 그렇기에 '아래층' 뇌 영역들이 망가져도 자아와 마음은 유지되지만, 정보가 계층적으로 모일 수 없거나, '높은 층' 영역들이 파괴되면 우리는 의식과 마음을 잃게 된다. 그럼 만약 깊은 학습이 가능한 인공 두뇌가 만들어진다면? 물론 진화적으로 한정된 인간의 10층보다 더 많은 계층들로 설계될 수 있다. 고로 인간보다 1000만 배도 더 고차원적인 패턴들을 이해할 수 있을 거란 말이다. 깊은 학습을 하는 인공 지능은 어쩌면 우리보다 1000만 배 더 큰 아픔과 기쁨도 이해할 수 있고, 1000만 배 더 깊은 마음을 가질 수도 있다.

뇌가 있기에 인간은 위대할 수도, 잔인할 수도 있다. 뇌가 있기에 존재의 근원과 미래에 대해 생각하고 우리가 생각하고 있다는 사실을 인지할 수 있다. 뇌가 뇌를 결국 이해할 수 있을까? 뇌를 완벽히 이해한다면 인간의 뇌를 모방한 기계를 만들 수 있을까? 지능을 가진 기계가 탄생한다면 그 기계는 인간을 어떻게 평가할까? 생각과 말이 다르고, 말과 행동이 언제나 다른 우리 인간들을 불쌍히 여길까? 아니면 지구에 더 이상 존재할 가치가 없는 일종의 전염병으로 판단할까? 인공 지능은 인류 마지막 발명품이 될 것이다. 지능을 가진 기계가 등장하는 순간 호모 사피엔스의 시대는 끝나고 기계의 시대가 시작되는 것이다.

인간 본성의
진화론적 이해

생물학, 진화론, 인간 이해

장대익

서울대학교 자유전공학부 교수

현대 생물학은 우리 삶의 물질적 토대만 변화시킨 것이 아니다. 그것은 자연과 인간, 그리고 사회에 대한 기존의 생각까지도 크게 변화시켰다. 예컨대 생식 기술 및 합성생물학의 발전은 생명의 탄생과 존엄에 대한 통념을 재고하게 했고, 유전학의 발전은 인간 본성에 대한 선천성 논쟁을 불러일으켰다. 현대 진화론은 생물학의 울타리를 넘어 인간 행동에 대한 궁극적 이유를 묻기 시작했고, 최근에 가장 뜨거운 뇌과학은 '뇌가 곧 나'가 아닌가를 고민하게 한다.

현대 생물학은 이런 지적 파급력 때문에 기존의 지식 생태계에서 매우 독특한 위치를 차지하고 있다. 그중에서도 현대 진화론은 과학과 인문학의 경계를 넘나들며 인간을 재규정해 왔다.[1] 비록 다윈의 『종의 기원』이 출간된 지 한 세기가 훨씬 더 지난 후이긴 하지만, 1990년대 초부터 심리학과 그 인접 분야들에서 인간의 마음과 행동에 대한 진화론적 연구가 본격화되었다. 그렇다면 진화론의 관점에서 본 인간은 어떤 존재일까? 그런 인간관은 기존 인문학의 인간관과 무엇이 다를까? 나는 여기서 인간에 대한 현대 진화론의 두 가지 중요한 통찰에 대해 논의하려고 한다. 그중 하나는 인간이 '유전자의 생존 기계'라는 것이고, 다른 하나는 인간이 '밈의 생존 기계'이기도 하다는 주장이다. 이를 차례로 살펴보기에 앞서 현대 진화론의 핵심인 자연 선택 이론이 무엇인지부터 이야기해 보자.

인간 본성의 진화론적 이해

1 들어가며 —— 보편 다윈주의

진화생물학자 마이어(Ernst Mayr)에 따르면 다윈의 진화론 패러다임은 다섯 개의 핵심 주장으로 이뤄져 있다. 그것을 요약해 보면 다음과 같다.[2]

(D1) 진화 그 자체(evolution as such): 세계는 항구적이지도 최근에 창조되지도 영구적으로 순환하지도 않으며, 오히려 꾸준히 변하고 유기체도 시간이 지나면서 변화한다는 이론이다.

(D2) 공통 계통(common descent): 모든 유기체 집단이 하나의 공통 조상으로부터 유래했다는 이론이다. 동물, 식물, 그리고 미생물까지도 궁극적으로는 생명의 단일한 기원으로 되돌아간다고 주장한다.

(D3) 종의 분화(multiplication of species): 이 이론은 유기체의 엄청난 다양성의 기원을 설명한다. 어떤 종이 다른 종들로 갈라지거나 지리적인 격리가 일어나 새로운 종으로 가지를 침으로써 종이 분화된다고 가정한다.

(D4) 점진론(gradualism): 진화는 새로운 유형의 개체들의 갑작스러운(도약적인) 변화가 아니라 집단의 점진적인 변화를 통해서 일어난다는 이론이다.

(D5) 자연 선택(natural selection): 유전적 변이들이 존재하고, 그중 어떤 것이 다른 것에 비해 생존과 번식에 유리하며, 그 변이 중 일부가 다음 세대에 대물림되는 경우라면 자연 선택이 일어난다는 이론이다.

이 중에서 다윈의 가장 독창적인 아이디어는 자연 선택과 생명의 나무(tree of life) 개념이라고 할 수 있다. 이는 (D2), (D3), (D5)에 해당하는 것으로서, 다윈의 진화론을 자연 선택 이론으로 부르는 것도 바로 이런 이유 때문이다. 다윈 이래로 많은 진화생물학자들이 자연 선택에 의한 진화가 어떤 조건하에서 일어나는지를 탐구해 왔다. 그들은 대체로 세 가지 서로 다른 조건들이 만족될 때 자연 선택 메커니즘이 작동한다고 논증했다.[3] 이를 요약하면 다음과 같다.

(N1) 변이 조건: 상이한 요소들이 계속해서 풍부하게 존재한다.

(N2) 복제 조건 혹은 유전 조건: 그 요소들은 복사본을 만들 수 있는 능력이 있거나, 그 자신의 복사본이다.

(N3) 적합도 조건: 어떤 요소의 복사본 수는 그 요소의 특성과 외부 환경의 특성 간의 상호 작용에 의해 결정된다.

여기서 중요한 것은 진화의 '대상'에 대한 세부 사항이 없다는 점이다. 다시 말해 '자연 선택 원리'란 어떤 대상이든 위의 세 조건만 만족시킨다면 진화가 일어날 수밖에 없다는 논리이다. 이런 일반성과 간결성 때문에 진화생물학자들은 자연 선택 이론을 '보편 다윈주의(universal Darwinism)'라고 부르며, "복제자의 차별적 생존에 의한 진화"로 규정하기도 했다.[4]

보편 다윈주의에서 가장 중요한 조건은 (N2)이다. 이는 어떤 대상이든 자연 선택에 의해 진화하기 위해서는 복제자가 있어야 한다는 조건, 즉 대물림 메커니즘을 지녀야 한다는 조건이다. 그렇다면 복

인간 본성의 진화론적 이해

제자(replicator)란 정확히 무엇인가? 도킨스(Richard Dawkins)는 복제자가 "자기 자신을 복제하는 어떤 것" 혹은 "외부 세계(다른 복제자들까지 포함)와의 상호 작용을 통해 자기 자신의 복사본을 만드는 존재자"라고 규정한다.[5] 물론 유전자는 복제자의 범례이다.

한편 생물철학자 헐(David Hull)은 선택의 단위(unit of selection) 문제를 다루면서 자연 선택에 개입하는 두 가지 중요한 절차와 존재자를 구별한다. 그중 하나는 복제와 복제자이고, 다른 하나는 상호 작용과 상호 작용자이다.[6] 그에 따르면 복제자는 "자신의 구조를 다음 세대에 대체로 그대로 전달하는 어떤 존재자"이고, 상호 작용자(interactor)는 '응집적 전체(cohesive whole)'로서 외부 환경과 상호 작용하여 복제자들의 복제 성공도에 영향을 주는 존재자"이다. 이 구별에 따르면 유전자는 전형적인 복제자이며 계통(lineage)을 형성한다. 하지만 유전자는 좀 더 포괄적인 존재자와 함께 환경과 상호 작용함으로써 차별적 복제를 이뤄 낸다. 이 역시 선택 과정의 중요한 부분이다. 이렇게 환경과 맞닥뜨리는 일차적 존재자는 유기체이다. 유기체는 응집적 전체로서 환경과 상호 작용하며 유기체의 계통을 형성한다. 이러한 유기체의 상호 작용 때문에 그것을 구성하고 있는 복제자들은 다른 경쟁 복제자들보다 더 많은 복사본을 남기게 된다. 헐은 바로 이것이 두 단계의 선택 과정이라고 했다.

도킨스는 헐과는 달리 복제자와 운반자(vehicle)를 구별했다. 언뜻 보면 상호 작용자와 운반자는 비슷해 보이지만 실상은 전혀 다르다. 도킨스는 선택에서 환경과의 상호 작용이 중요하다는 점은 인정하지만, 그것을 '운반자 선택(vehicular selection)'으로 개념화함으로써 상호 작용이 복제자에 의해 '통제'됨을 강조했다. 그에 따르면 비록 선택은 운반자에 직접적으로 작용하지만 그 선택의 결과는 유전자의 빈도에 영향을 미치므로, 결과적으로 표현형은 단지 간접적으로만 영향을 받는 셈이다.[7] 이 대목은 도킨스가 얼마나 철저히 '수혜자(beneficiary)' 중심의 사고를 하는가를 알 수 있는 부분이다.[8] 이렇게 헐과 도킨스는 유기체의 지위와 역할에 대해 미묘하지만 중요한 차이를 보인다. 헐은 유기체를 능동적인 주체로 이해하지만 도킨스에게 유기체는 단지 유전자의 산물이다.

현대 진화론의 주류 입장은 보편 다윈주의를 유전자의 관점에서 재해석한 이론이라고 할 수 있다.[9] 지난 반세기 동안 사회생물학자들은 그 이론으로 동물들의 협동 행동이나 짝짓기 행동 등을 잘 설명했다. 그리고 지난 20여 년 동안 진화심리학자들은 유사한 논리로 인간의 마음과 행동을 설명하려고 했다. 그들의 통찰을 한마디로 요약한다면 '인간은 유전자의 생존 (및 번식) 기계'라는 것이다. 대체 이것은 무슨 뜻일까? 유전자의 시각에서 인간 본성을 이해하려는 그들의 도발적 아이디어를 어떻게 이해해야 할까?

2 이기적 유전자와 이타적 인간

일찍이 홉스(Thomas Hobbes)는 『리바이어던』에서 '자연 상태'를 "만인의 만인에 대한 투쟁"으로 묘사했다. 그는 인간이 자연 상태를 지나 '사회'를 형성하려면 구성원 간의 계약이 필요하다는 점을 간파

인간 본성의 진화론적 이해

했다. 이때 홉스에게 인간의 이성은 자연 상태의 야수성을 통제하는 장치이다.[10] 하지만 그가 상정한 자연의 모습은 실제보다는 훨씬 더 살벌한 것이었다. 왜냐하면 실제 자연계에서 협동은 경쟁만큼이나 흔하기 때문이다. 예를 들어 일부 다람쥐 종은 서로에게 위험을 알리는 뚜렷한 경고음을 내기도 하고, 피를 구하는 데 실패한 흡혈박쥐는 자기 숙소에 있는 다른 동료들에게서 피를 얻으며, 심지어 자기 자식 낳기를 포기하고 평생 동안 여왕개미(벌)를 섬기는 암컷 개미(벌)와 같이 극단적 행위를 하는 종도 있다.[11]

흥미롭게도 유전자의 눈높이에서 인간을 이해하려는 시도는 자연계에 만연한 이런 협동 행동들에 대한 진화론적 탐구를 통해 나왔다. 대체 협동은 어떻게 진화할 수 있었단 말인가? 이 물음은 다윈 자신에게도 매우 곤혹스러운 난제였다.[12] 왜냐하면 자연 선택이 기본적으로 '개체(유기체) 수준'에서 작용한다고 주장하는 다윈의 진화론을 받아들인다면, 자기 자신의 적합도(fitness)를 훼손하면서까지 다른 개체와 협동하는 듯 보이는 생명의 또 다른 모습은 분명히 설명을 필요로 하는 대목이기 때문이다. 이런 의미에서 협동의 진화에 관한 물음이 다윈 이후로 진화생물학의 중심에 자리 잡아 왔다는 사실은 그리 놀랄 만한 것이 못된다.[13]

다윈은 이 대목에서 도덕성 또는 이타성은 개체가 아닌 집단을 위한 것이라고 대답했다.[14] 하지만 이런 집단 선택(group selection) 이론은 좋은 대답이 아니었다. 왜냐하면 아무리 이타적 개체로만 가득한 집단이라도 이기적 개체가 하나라도 있으면 붕괴하고 말 것이기 때문이다. 그럼에도 다윈 이후 100년이 지난 1960년대까지 집단 선택 이론은 대세를 이루었다.

하지만 도킨스는 『이기적 유전자(*The Selfish Gene*)』에서 집단 선택 이론에 결정적인 반론을 펼치며 다윈이 남겨 둔 퍼즐 조각들을 매우 인상적으로 짜 맞추었다. 그에 따르면, 자연 선택은 개체나 집단보다는 오히려 유전자의 수준에서 작용하며 동물의 협동 행동들은 유전자가 자신의 복사본을 더 많이 퍼뜨리기 위한 전략으로서 진화했다.[15] 그는 동물의 이타적 행동이 외견상 이타적일 뿐 유전자의 시각으로는 되레 이기적이라고 주장하며, 인간을 "유전자의 생존 기계이며 운반자"라고 규정한다. 이렇게 우리의 시선을 유전자의 눈높이에 고정하면 상대방을 돕는 행동은 물론, 부모와 자식 간의 갈등, 배우자 간의 갈등, 짝짓기 행동 등과 같이 그동안 사회과학적 설명으로만 이해되었던 현상들이 새롭게 재해석된다.

> 우리는 생존 기계다. 즉, 유전자라는 이기적 분자를 보존하기 위해 맹목적으로 프로그램된 로봇 운반자다.[16]

하지만 엄밀히 말해 도킨스는 유전자의 관점에서 자연·인간·사회를 본다는 것이 무엇인지를 알기 쉽게 전달해 준 탁월한 해설가였지 혁명적 발상의 최초 진원지는 아니었다. 그런 공로는 다윈 이후의 가장 뛰어난 이론생물학자라고 평가받았던 영국의 진화생물학자 해밀턴(William Donald Hamilton)에게로 돌아가야 마땅하다.[17] 사실 다윈을 포함한 몇몇 학자들은 이미 오래전부터 동물들이 혈연관계가 없는 개체들보다는 친척들과 더 잘 협동한다는 사실을 인지하고는 있었다. 해밀턴은 이런 생각들을 그 유명한 '포괄 적합도 모형(inclusive fitness model)' 혹은 '친족 선택 모형(kin selection model)'으로 수학적으로 정식화했다.[18] 이 모형은 어떤 유전자를 갖고 있는 개체의 적합도에 그 유전자를 공유한 개체(친족)들의 적합도를 더해 그 유전자가 산출하는 형질의 포괄 적합도를 계산함으로써 그 유전자가 세대를 통해 대물림될 수 있는지(즉 그 형질이 진화될 수 있는지)를 예측한다.

예컨대 개미와 벌을 비롯한 진사회성 곤충(eusocial insect)들의 이타적 행동은 이 모형에 의해 극적으로 잘 설명되었다. 개미 사회를 보자.(벌 사회도 마찬가지다.) 이 사회의 구성원들은 독특한 유전 체계를 가지고 있다. 개미 가계도에 나타나 있듯이 만일 여왕개미가 알을 낳을 때 보관하고 있던 정자를 사용하여 수정란을 낳으면 그 수정란은 암컷으로 자라 일개미 또는 차세대의 여왕개미가 된다. 하지만 정자를 사용하지 않고 미수정란을 낳으면 그 자식은 수개미가 된다. 따라서 개미 사회에서 암컷들은 인간처럼 염색체를 한 쌍씩 지니고 있는 이른바 이배체(dipolid)이지만 수컷들은 염색체를 하나만 지닌 반수체(haploid)이다.

이런 독특한 유전 체계 때문에 개미 사회에서 일개미들, 즉 자매 간의 유전 근연도(genetic relatedness)는 1/2이 아니라 3/4이다. 만일 일개미가 수개미를 만나 짝짓기를 하여 자식(일개미)을 낳는다면 어미 일개미와 자식 일개미 간의 유전 근연도는 1/2이 된다. 그런데 1/2은 3/4보다 작다. 해밀턴은 이 사실에 근거해서 일개미가 자식을 낳지 않는 대신에 여왕개미의 출신을 도와 자매를 많이 갖는 쪽으로 진화했다고 주장했다. 왜 곤충 사회에서 '불임'과 '자매 돌보기'라는 극단적인 이타적 행동이 존재하는지가 이로 인해 명쾌하게 설명되었다.

곤충만이 아니다. 가령 *Spermophilus beldingi*라는 종명을 가진 땅다람쥐의 경우에도 포괄 적합도 설명이 잘 적용된다. 이 땅다람쥐는 독수리와 같은 포식자가 주위에 나타나면 경고음을 내곤 한다. 이 경고음을 듣고 다른 개체들은 곧 피신을 해 버리지만 정작 경고음을 낸 개체는 포식자의 표적이 되기 쉽다. 그렇다면 어떻게 이런 이타적 행동이 가능할까? 행동생태학자인 셔먼(Paul Sherman)은 이런 경고음이 '친족들'을 위험에 잘 대처하도록 돕기 위해서 진화된 것이라는 가설을 세우고 이를 경험적으로 입증해 보였다.[19] 그에 따르면, 실제로 수컷 다람쥐보다는 암컷이 더 자주 경고음을 내는데, 이는 수컷은 성장한 후에 다른 지역으로 이주하여 비친족 집단을 이루고 사는 데 비해 암컷은 계속 친족 집단 속에서 지내기 때문이다. 즉 친족이나 자식에게 별 도움을 못 주는 수컷의 경고음보다 큰 도움을 주는 암컷의 경고음이 더 빈번히 발생해야 할 것인데, 실제로 경험적 조사에서 이런 예측치가 잘 들어맞았다. 이 다람쥐가 자신의 위험을 무릅쓰고 경고음을 내는 이타적 행동은 이렇게 친족 선택을 통해 잘 설명된다.

그렇다면 인간의 이타적 행동은 어떻게 설명할 수 있는가? 진화생물학자들은 1964년 이래로 해밀턴의 포괄 적합도 이론을 비롯한 몇몇 다른 이론들까지 동원하여 인간을 포함한 동물들의 이타적 행동을 설명하기 시작했다. 또한 그런 이론들을 뒷받침해 주는 경험적 증거도 꾸준히 축적해 왔다. 그 이론들 중에서 호혜성(reciprocity)에 의한 협동 행동의 진화 모형은 경제학 이론 분야에서 진화 게임 이론을 발전시키는 데도 큰 공헌을 했다. 진화생물학자 트리버즈(Robert

인간 본성의 진화론적 이해

Trivers)는 친족이 아닌 개체 간에 벌어지는 상호 호혜적인 행위들이 어떤 식으로 진화할 수 있는지를 처음으로 탐구했다.[20] 가령 한 개체 가 다른 개체를 도울 때 지불할지도 모르는 대가는 아무리 작아도 나 중에 받을지도 모르는 보답보다는 클 수 있다. 트리버스에 따르면 이 런 상황에서는 누구나 배신의 위험에 직면한다. 왜냐하면 그 상황에 서 최대의 이익을 챙기는 개체는 남으로부터 도움만 받고 정작 다른 개체는 돕지 않는 개체일 수밖에 없기 때문이다. 그렇다면 도대체 그 런 세계에서 호혜성은 어떻게 진화할 수 있는가? 이 물음에 대해 그 동안 연구자들은 게임 이론을 통해 인간의 협동적 행동의 진화를 설 명해 왔다.[21]

하지만 여기서 오해하지 말아야 할 것은, 비친족 간의 호혜성이 인간의 협동 행동을 더 전형적으로 보여 준다 하더라도 친족 선택 자 체가 인간에게 작동하지 않는 것은 아니라는 사실이다. 또한 비친족 간의 호혜적 행동도 유전자의 관점에서는 이기적일 뿐이라는 사실도 기억할 필요가 있다. 오히려 이타성의 진화에 대한 더 정확한 이해는 다음과 같이 정리될 수 있다. 동물 세계에서는 친족 선택만이 작용하 지만 인간의 경우에는 친족 선택뿐만 아니라 다른 경로들을 통해서 도 이타성이 진화할 수 있다.[22]

지금까지 나는 이타성의 진화에 대한 진화학자들의 연구가 어떻 게 인간에 대한 새로운 통찰, 즉 '인간은 유전자의 생존 기계'라는 도 발적 생각을 촉발했는지를 간략하게 소개했다. 그런데 이 통찰은 진 화된 심리 메커니즘을 연구하는 진화심리학(evolutionary psychology)이 라는 분야에서 더 확장된다.

3 유전자를 위한 기계[23]

다윈은 『종의 기원』의 마지막 부분에서 "심리학은 새로운 토대 위에 기초될 것이다."라고 예언한 바 있다.[24] 윌슨도 1975년에 출판한 자신의 『사회생물학』 마지막 장에서 "사회과학은 가까운 미래에 생물학의 한 분과가 될 것"이라고 호언장담했다.[25] 하지만 심리학 분야에서 다윈의 목소리가 또렷하게 들리기 시작한 것은 이른바 진화심리학이라는 이름이 등장한 1990년대 이후부터다.[26]

진화심리학은 인간의 마음에 대한 계산주의 이론(computational theory of mind)과 행동생태학이 결합하여 생겨난 학문으로서 인간의 마음(mind)이 여러 종류의 수많은 적응(adaptation)으로 구성되어 있다고 본다. 인간은 오랜 진화의 역사를 거치면서 여러 유형의 '적응 문제(adaptive problems)'에 직면했고, 그런 문제를 해결하도록 설계된 마음을 가진 개체만이 진화적으로 성공했을 것이다. 그런데 여기서 중요한 것은, 우리 마음이 모든 문제를 해결하기 위해 설계된 것이 아니라, 특정한 적응 문제(예를 들어 적절한 음식을 찾는 일, 짝을 찾는(또는 지키는) 일, 상대방의 마음을 읽는 일, 동맹을 만드는 일 등)를 해결하기 위해 자연 선택에 의해 설계되었다는 대목이다. 이는 마치 우리의 신체가 적응적인 여러 기관(예컨대 눈, 다리, 심장 등)으로 구성되어 있듯이 인간의 마음도 하나의 적응적인 기관이라는 뜻이다. 진화심리학자들이 마음을 '정신 기관(mental organ)'이라고 부르는 이유가 여기에 있다.

이런 생각은 인간의 마음이 어떻게 설계되어 있고 어떤 식으로

인간 본성의 진화론적 이해

작동하는지를 탐구하는 인지신경학·인지심리학에 큰 도전을 준다. 첫 번째 도전은, 인간의 인지 능력이 전에 생각했던 것보다는 훨씬 더 엉성한 구석이 있다는 점이다. 진화심리학의 핵심 이론가인 코스미디스(Leda Cosmides)와 투비(John Tooby)는, 인지심리학에서 잘 알려진, 웨이슨(Peter Wason)의 '선택 과제(selection task)' 실험을 진화심리학적 가설을 시험해 볼 수 있도록 재설계함으로써 인간의 연역 추론 능력의 실상에 대한 진화론적 해석을 꽤 그럴듯하게 제시했다. 그들에 따르면, 인간의 연역 추론 능력은 주어진 과제가 '사회적 교환(social exchange)'의 상황일 때 가장 잘 발휘된다. 그리고 이런 결과는 인류 진화 역사의 대부분을 차지한 수렵·채집의 기간 동안 인류가 생존과 번식을 위해 해결해야만 했던 적응적 문제(이 경우에는, 사회적 교환 상황에서 사기꾼을 잘 탐지해야만 하는 문제)에 대해 인간의 마음이 적응되었다는 증거이다. 진화심리학자들이 인간의 마음에 "사기꾼 탐지 모듈"이 존재한다고 주장하는 이유는, 바로 이런 사회적 교환 상황에서는 사기꾼을 탐지하느냐 못하느냐가 생사와 번영의 관건이 되었기 때문이다.[27]

진화심리학의 두 번째 도전은 인간의 합리적 추론 능력 문제와 깊이 연관되어 있다. 우리가 과연 합리적 행위자인가에 대한 물음은 이제 더 이상 경제학이나 심리학만의 물음이 아니다. 인간의 합리성에 대한 진화론적 고찰은 전통적 경제학과 심리학의 기본 전제들을 뿌리부터 흔들어 놓았다. 지금도 주류 경제학의 설명 양식은 기본적으로 '합리적 선택 이론'이라는 것이다. 이 이론에 따르면 인간은 할 수 있는 한 모든 요소를 검토하고 특정 선택을 했을 때 어떤 결과가 나올지를 저울질한다. 그리고 결정하기 전에 이해득실(투자, 위험, 감정적·물질적 보상 등)을 따져 본다. 선호된 선택은 효용을 극대화한 것이다. 이런 생각은 사실 전통 심리학의 인간관에 기대 있는 것이며 한편으로 정치학을 비롯한 다른 사회과학 분야에서 널리 받아들여진 전제이다.

하지만 진화론은 인간이 그런 식의 합리성을 결코 진화시키지 않았다고 반론한다. 인간의 두뇌가 계산 능력이 탁월한 슈퍼컴퓨터로 진화했다면 결코 지금의 나는 존재하지 않았을 것이다. 왜냐하면 그런 두뇌로도 엄청나게 복잡다단하고 변화무쌍한 환경에서 수없이 많은 불완전한 정보를 처리하기에는 역부족이기 때문이다. 이는 마치 태풍이 도시 전체를 휩쓸고 지나간 지 2분이 흘렀는데 아직도 태풍의 출현 가능성을 계산하고 있는 슈퍼컴퓨터와도 같다. 인간 두뇌의 사고 능력은 결코 그런 식으로 진화할 수 없었다.

인간의 합리성에 대한 전통적 견해의 비현실성은 심리학자 사이먼(Herbert Simon)이 제시한 '만족화 모형'에 의해 본격적으로 비판받기 시작했다. 이 의사 결정 모형은 인간이 단기간에 가용적이고 감지되는 대안부터 탐색하다가 맨 처음 만족스러운 해결책을 만나면 그것으로 선택을 종료하는 식으로 사고한다는 이론이다. 예컨대 결혼 적령기의 미혼남 중 이상형을 무작정 찾아나서는 미련한 사람은 별로 없다. 대개 자기 주변의 여성 중 가장 매력적인 여성에게 청혼한다. 이것이 바로 만족화 모형이다.[28]

전통적 합리성 이론에 대한 이런 반론은, 사람들이 '발견법(heuristics)'이라고 부르는 빠르고 효율적인, 그래서 때로는 부정확할

인간 본성의 진화론적 이해

수 있는 인지 처리 기제를 사용한다는 연구 결과에 의해서 더욱 힘을 얻었다. 인지심리학자 카너먼(Daniel Kahneman)과 트버스키(Amos Tversky)는 확률 추리 과정에서 흔히 나타나는 여러 유형의 편향과 오류를 분석하는 과정에서 인간이 몇 가지 유용한 발견법(일종의 편법)을 사용한다는 사실을 발견했다. 게다가 그 발견법으로 인한 추론상의 오류와 착각은 우발적이기보다는 체계적이며 때로는 교정 교육마저 소용없을 정도로 매우 심각하다고 주장한다.[29]

예컨대 동전 던지기를 하는데 다음과 같은 결과가 나왔다고 할 때 그다음 번에는 어떤 면이 나오겠느냐고 질문해 보자. T-H-T-H-H-T-T-H-H-H-H-? 연구 결과에 따르면 피험자들은 대개 T라고 답한다. 하지만 이런 대답은 틀린 것으로 보인다. 왜냐하면 동전 던지기의 경우 그 이전에 어떤 결과가 나왔든지 간에 앞면과 뒷면이 나올 확률은 1 대 1로 동일하기 때문이다. 왜 이런 오류를 쉽게 범하는 것일까? 트버스키와 카너먼 등은 위 사례에서 H보다 T가 나오는 경우가 그 반대 경우보다 더 대표적인 연쇄라고 사람들이 판단하기 때문에 사람들이 그런 실수를 범한다고 설명한다. 이른바 '대표성 발견법'에 의한 불가피한 오류라는 지적이다. 이것은 흔히 '도박사의 오류'라고 널리 알려져 있다.

하지만 이런 문제에 대해 진화론을 좀 더 진지하게 적용하기를 원하는 학자들은 이러한 현상 자체는 받아들이면서도 그것이 과연 인지 착오인가에 대해서는 의견을 달리한다. 사실 동전, 주사위, 룰렛 바퀴 등과 같이 '공정한' 도박 기구들은 특수하게 잘 가공돼야 한다. 하지만 100퍼센트 공정한 기구 제작은 사실상 기술적으로 불가능하다. 가령 주사위 눈에서 6이 너무 자주 나오게 되면 그 주사위 자체가 정교하게 만들어지지 않았을 개연성이 실제로 높다. 따라서 실제 도박 기구의 경우 과거의 수행 결과는 미래의 수행 결과에 영향을 미칠 수밖에 없다.

하물며 자연 세계에 대한 우리의 예측적 판단은 어떠하겠는가? 가령 날씨를 예측할 때 오늘의 날씨를 참고해야 한다는 점은 너무나 명백하다. 왜냐하면 내일의 날씨와 오늘의 날씨는 대체로 공통 원인을 갖기 때문이다. 오늘의 비가 한반도에 걸쳐 있는 비구름 때문에 왔다면 그 구름이 계속 머물러 있는 한 내일도 동일한 원인에 의해 비가 올 것이다. 이렇게 자연계에서는 과거의 사건이 미래의 사건에 어떤 식으로든 인과적인 관련을 맺고 있다. 따라서 자연계에서는 대부분 미래의 사건이 과거의 사건과 연관되어 있다는 믿음이 그렇지 않은 믿음에 비해 진화적으로 더 큰 이득을 안겨 주었을 것이다. 만일 인류가 수십만 년 동안 카지노장에서만 갇혀 지내면서 이길 때마다 번식 성공도(reproductive success)를 높이는 식으로 진화했다면 자연은 틀림없이 우리의 마음에서 '도박사의 오류'를 제거했을 것이다.

진화론적 시각으로는 도박사의 오류가 진정한 인지 착오일 수 없다. 오히려 적응적 추론의 한 사례로 간주될 수 있을 것이다. 수십만 년 동안 인간의 두뇌는 간단한 수와 빈도를 다루도록 진화했지 추상적인 확률 추론을 필요로 하는 복잡한 문제들을 처리하도록 진화하지 않았다. 확률에 대한 개념은 인류 진화사에 비춰 볼 때 아주 최신의 개념이다. 불확실한 상황에서 우리 조상들이 그런 확률을 즐겨 사용했을 가능성은 매우 희박하다. 진화론은 이처럼 인간의 합리적 추론 능력에 대한 기존의 사회과학적 전제들을 재고하게 했다. 이에 일부 진화심리학자들은 합리적 추론에 대한 기존 이론들에 대한 대안으로 '생태적 합리성(ecological rationality)' 개념을 발전시키고 있다.[30]

진화심리학에는 인간의 인지 능력에 대한 진화론적 연구만 있는 것은 아니다. 진화사회심리학(evolutionary social psychology)은 사회심리학의 연구 주제들에 대한 진화론적 접근으로서, 특히 남녀 짝짓기 행동, 사회적 행동, 부모-자식 관계 등에 관해 매우 흥미로운 연구 결과들을 내놓고 있다.[31] 가령 진화심리학적 관점에서는 인간의 짝짓기 심리와 행동은 진화 과정에서 '번식의 문제'를 해결하기 위해 특화된 인지 장치들의 산물이라고 이해될 수 있다. 진화심리학의 주요 이론 중에서 짝짓기 심리와 행동을 이해하는 것과 직접적으로 관련된 몇 가지 핵심 이론을 간략히 검토해 보자.

첫 번째는 해밀턴의 포괄 적합도 이론이다. 앞서 언급되었듯이 이 이론은 어떤 개체의 행동이 자기 자신의 적합도뿐만 아니라 자신의 유전자를 공유하는(혈연관계에 있는) 다른 개체의 적합도에도 미칠 수 있는 영향을 함께 고려하여 적합도를 포괄적으로 계산해야 한다는 이론으로서, 전통적 의미의 적합도를 혈연관계에까지 확장한 매우 혁명적인 발상이었다. 진화생물학의 주요 이론 중에서 가장 기본적인 원리로 자리 잡은 이 이론은 모든 생명체의 행동을 생존과 번식의 측면에서 이해할 수 있게 해 준다.

한편 성 선택 이론(sexual selection theory)은 번식과 관련된 선택압만을 다룬다. 이 이론은 동성 경쟁자와의 경쟁을 통해 얻은 짝짓기 이득과, 이성에 의해 짝으로 선택되어 생긴 짝짓기 이득을 통해 동물의 행동이 진화할 수 있음을 설명한다.[32] 예컨대 행동생태학자들은 이 이론을 통해 경쟁, 폭력, 살인, 위험 감수 행위, 짝 선택, 지위 상승 욕구 등에 있어서의 성차(性差)가 왜 생겨났으며 어떻게 작동하는지를 이해하게 되었다. 성 선택 이론은 인간과 다른 영장류 내에서 발견되는 많은 성차를 통합적으로 이해하는 데 가장 유력한 이론으로 간주된다.[33]

좀 더 세부적으로 양육 투자 이론(parental investment theory)은 성 선택의 두 요인(동성 간의 경쟁과 이성의 짝 선택)이 어떻게 작동하는지를 이론적으로 예측한다.[34] 이 이론에 따르면, 자손에게 더 많이 투자한 성은 짝을 선택할 때 다른 성보다 더 까다로운 반면, 자손에게 덜 투자한 성은 짝짓기를 위해 동성 간에 경쟁할 때 다른 성에 비해 더욱 치열하다. 양육 투자 이론은 인간의 짝짓기 전략에 대한 중요한 발견들을 이끌어 냈다.[35]

양육 투자 측면에서 암컷의 초기 투자는 난자 생산으로부터 시작한다. 하지만 이것은 단지 시작일 뿐이다. 그 이후에 벌어질 수 있는 수정과 임신도 포유류의 경우에는 암컷의 몸 내부에서 일어나기 때문이다. 따라서 임신한 암컷이 치러야 할 몇 달간의 투자는 단 한 번의 성교 행위를 위한 노력이면 족한 수컷의 투자에 비해 엄청나게 클 수밖에 없다. 게다가 출산이 양육 투자의 끝도 아니다. 아기가 모유 이외의 음식을 먹을 수 있을 때까지 암컷은 상당 기간 동안 젖을 물려야 하며 젖을 뗀 이후의 양육 투자도 만만치는 않다.[36]

암컷의 이런 비대칭적 양육 투자량은 암컷 자신을 소중한 번식 자원으로 만든다. 임신, 출산, 젖 먹이기, 보육, 보호, 그리고 아이를

인간 본성의 진화론적 이해

먹이는 일은 누구에게나 맘씨 좋게 퍼 줄 수는 없는 중대한 번식 자원들이다. 진화의 과거에서 암컷은 성의 분화와 더불어 엄청난 양의 투자를 하기 시작했기 때문에 자연 선택은 자신의 이성 짝에 대해 매우 신중한 암컷을 더 선호했다. 짝을 대충 고르는 암컷이 있었다면 그녀의 번식 성공도는 더 까다로운 암컷들에 비해 더 낮았을 것이고 번식 연령까지 살아남은 자식의 숫자도 상대적으로 적었을 것이다. 반면 수컷의 입장에서는 번식 가치(reproductive value)[37]가 그다지 높지 않은 암컷과 짝짓기를 하더라도 별로 손해 볼 것이 없었다. 수컷이 잃는 것이라곤 단지 몇 방울의 정자와 잠시의 시간, 다소간의 에너지에 불과하기 때문이다.

따라서 성 선택 이론과 양육 투자 이론에 의하면 동물의 짝짓기 심리와 행동에 대해 다음의 두 가지 중요한 사항이 예측된다. 첫째, 자손에 더 많은 투자를 하는 성은 짝짓기에 대해서 더 신중하고 까다롭다. 그리고 늘 그런 것은 아니지만 많은 경우 암컷이 그런 성향을 갖는다. 둘째, 자손에 투자를 덜 하는 성은 많이 투자를 하는 성에 접근 권한을 갖기 위해 더 경쟁적이다. 그렇다면 인간의 짝짓기 행동도 이런 이론들로 동일하게 설명할 수 있을까?

인간은 유성 생식을 하는 종이기 때문에 번식을 하려면 우선 이성 짝을 찾아야 한다. 하지만 짝을 고르는 일은 쉽지 않다. 적절한 짝을 고르는 문제는 틀림없이 우리 조상들에게 매우 중요한 적응 문제였을 것이고, 성 선택은 이런 문제를 해결하는 인간의 심리 메커니즘을 설계했을 것이다. 적절한 짝을 고르는 것은 매우 중요한데, 짝은 자식의 생존에 반드시 필요한 질 좋은 유전자와 보살핌을 제공하기 때문이다. 자식의 생존 가능성은 이 두 가지 자원의 품질에 따라 크게 좌우된다.

자신의 짝이 자기 자손의 생존 기회를 높이는 첫 번째 방식은 자식에게 훌륭한 유전자를 물려주는 것이다. 유성 생식을 하는 종에서 자식은 유전적으로 양쪽 부모로부터 각각 유전자의 반을 물려받는다. 만일 생존과 번식에 부적합한 질 나쁜 유전자를 가진 짝을 배우자로 삼는다면, 자녀가 그 나쁜 유전자를 물려받을 개연성이 높아진다. 자손의 생존과 번식 기회는 결국 감소할 것이며 궁극적으로는 자기 자신의 번식 성공도가 낮아지는 결과를 가져올 것이다. 반면 좋은 유전자를 가진 짝을 배우자로 삼으면 자신의 유전자는 세대를 거치면서 더욱 번창할 것이다.[38]

진화심리학적 관점에서 보면 배우자를 선택하기 위해 남성과 여성은 서로 다른 적응 문제를 풀어야 한다. 특히 '단기적 짝짓기 전략(short-term mating strategy)'을 구사할 때 이런 차이는 두드러진다. 이 전략은 남성과 여성이 모두 사용할 수 있지만 똑같은 방식을 택하지는 않는다. 남성에게 이상적인 단기적 짝짓기 전략이란 한 여자와 성관계를 한 후에 그로부터 생겨난 아이에 대해서는 되도록 양육 투자를 회피하는 것인데, 임신을 하는 쪽은 여성이기 때문에 여성은 자신이 치러야 할 최소한의 양육 투자를 헛된 것으로 만들지 않기 위해 이런 상황을 미리 방지해야 할 필요가 있다. 짝이 자신을 장기적 짝짓기 대상으로 생각하는지 아니면 단기적 짝짓기 대상으로 여기고 있는지를 제대로 구별하지 못하는 여성은 미혼모가 될 위험이 높았을 것이다. 자연 선택은 여성들에게 이런 불운을 막을 수 있도록 하는 심

　　　　　　　　　　인간 본성의 진화론적 이해

리 메커니즘을 설계했을 텐데 여성이 남성에 비해 성관계에 응하는 데 더 신중을 기하는 것은 그런 메커니즘 중 하나일 것이다.

실제로 전 세계적으로 여성이 자신보다 나이가 많은 남성을 선호하는 데 비해 남성은 일반적으로 젊은 여성을 좋아한다는 점, 여성은 배우자를 고를 때 남성에 비해 이성 짝의 지위와 경제력 등을 더크게 고려한다는 점 등은 인간의 짝짓기 전략에 대한 위의 설명과 잘부합한다.[39]

하지만 하룻밤을 함께 보낼 섹스 파트너를 고르는 게 아니라 장기적인 짝을 선택하려 한다면 남성이나 여성은 모두 서로에게 충실한 짝을 골라야만 한다. 그런데 흥미롭게도 여성보다는 남성이 파트너의 성적 정절(sexual fidelity)을 더욱 중요시하는데, 그것에는 진화론적 이유가 있다.[40] 짝이 바람을 피울 경우 감수해야 하는 잠재적 대가를 생각해 보자. 아내의 입장에서 보면 남편이 바람날 경우 자신과 자신들의 자식에게로 올 남편의 양육 투자량이 줄어들 수 있기 때문에 곤란해진다. 반면 남편의 입장에서 보았을 때는 아내가 함께 바람피운 남자의 아이를 낳았는데 아무것도 모른 채 정성을 다해 그 자식을 돌볼 가능성이 있다. 남성은 인류의 진화사 내내 자신의 짝이 낳은 자식이 과연 자신의 친자식인지 100퍼센트 확인하기 힘든 불확실성에 늘 노출되어 있었다. 진화론적으로 보면 이런 '부성 불확실성(paternity uncertainty)'은 남성이 반드시 해결해야 하는 중대한 적응 문제였다. 반면 여성에게 있어서의 적응 문제는 자신의 이성 짝이 다른 여성에게 마음을 빼앗겨 자원을 그녀에게 갖다 바치지 못하도록 하는 것이었다.

성적 질투(sexual jealousy)의 방식이 남성과 여성에게 서로 다른 형태로 나타난다는 사실은 자연 선택이 어떻게 이런 적응 문제를 남성과 여성에게서 서로 다른 방식으로 해결하게 했는지를 흥미롭게 보여 준다. 진화심리학자 버스(David Buss)는 동서양을 막론하고 성적 질투심에 성차가 존재한다는 사실을 밝혔다. 남성은 여성이 정절을 깨는 것에 대해 훨씬 큰 분노를 느끼는 데 비해 여성은 남성이 다른 여성에게 정서적인 친밀감을 보이는 것에 대해 더 크게 분노한다. 흥미롭게도 한국의 경우도 여기서 예외가 되지 않는다. 이런 성적 질투는 성인 간에 벌어지는 폭력과 살인의 직접적인 원인이 되기도 한다.[41]

지금까지 살펴본 것처럼, 인간 본성에 대한 진화심리학적 이해는 한마디로 '인간은 유전자의 생존 및 번식 기계'라고 요약할 수 있다. 그동안 진화심리학은 대중적 관심을 넘어 과학적으로 매우 인상적인 성공을 거두었다. 과학철학자 러커토시(Imre Lakatos)의 구분법으로 보자면 진화심리학은 매우 '혁신적인(progressive)' 연구 프로그램이라고 할 만하다. 하지만 진화심리학만이 인간 본성에 대한 유일한 진화론적 접근이라고 할 수는 없다. 진화심리학은 인간의 정신세계나 인공물의 세계가 이기적 유전자의 산물임을 강조하지만, 그것들이 인간 본성의 진화를 추동하는 또 다른 '원인'이 될 수 있다는 사실에는 상대적으로 주의를 덜 기울이는 듯하다. 즉 진화심리학자들은 인간의 유전자가 만든 문화가 그 유전자에 다시 영향을 주는 순환적 피드백 구조를 대수롭지 않게 생각해 왔다. 이것이 현재 진화심리학이 나를 불편하게 하는 지점이다.

4 밈 기계

인간을 유전자의 (생존 및 번식) 기계로 이해하는 진화심리학자들은 연구의 초점을 기본적으로 수렵 채집기에 적응된 인간의 심리 메커니즘, 다시 말해 '진화적 적응 환경(environment of evolutionary adaptedness)'에서 유전자의 복제를 최대화하는 심리 메커니즘을 탐구하는 데 주력해 왔다. 가령 그들은 짝짓기 상황에서 우리는 왜 이러한 행동을 하는지, 부모와 자식 간에 왜 저러한 행동을 하게끔 심리 메커니즘이 진화했는지를 탐구해 왔다. 이렇게 진화심리학은 기본적으로 인간의 보편적 심리 메커니즘의 기원과 진화에 대한 탐구이다.

하지만 질문을 조금 바꿔 보자. 인간의 보편적 심리 메커니즘은 어떻게 진화했는지, 그것은 어떻게 작동하는지 등이 아니라, 인간 고유의 심리 메커니즘은 무엇인지, 그리고 그것이 어떻게 작동하는지를 묻자는 것이다. 이 두 유형의 물음은 똑같지 않다. 전자는 인간이 공통적으로 가진 것에 대한 물음이고 후자는 인간만이 가진 것에 대한 물음이기 때문이다. 전자에 대한 대답은, 인간은 다른 동물과 별다를 바 없이 유전자를 위한 (생존과 번식) 기계로 진화했다는 것일 테지만, 후자는 경험적인 '비교 연구'를 통해 대답되어야 하는 질문이다.

인간 본성에 대한 진화심리학적 설명의 밑바닥에는 인간도 다른 동물들과 마찬가지로 유전자의 기계라는 전제가 깔려 있다. 그리고 실제로 우리는 '대체로' 자신의 유전자를 더 많이 퍼뜨리는 방식으로 행동(무의식적으로든 의식적으로든)한다. 그렇기에 그 행동의 결과들로 우리가 지금과 같은 존재가 되었다는 설명이 틀렸다고는 할 수 없다. 다만 충분하지 않을 뿐이다. 문화를 만드는 존재에 대해서뿐만 아니라 문화에 영향받는(때로는 지배받는) 존재로 진화한 인간에 대해서도 과학적 이론이 필요한데, 진화심리학은 전자에 주로 특화된 설명이기 때문이다. 나는 이 절에서 후자의 질문에 집중하여 인간 본성에 대한 또 다른 진화론적 이해로 나아가려 한다. 그것은 인간 독특성(uniqueness)의 진화와 관련되어 있다. 이른바 '밈 이론'은 이런 문제의식에서 출발한, 인간 본성에 대한 또 다른 진화론적 이해이다.

'밈'이란 무엇인가? 흥미롭게도 이 용어 역시 도킨스의 것이다. 그의 『이기적 유전자』의 11장에는 인간의 문화 현상에 대한 새로운 진화론적 설명이 등장한다. 장의 제목처럼 거기서 그는 '밈'이라는 '새로운 복제자'를 탐구했다.

> 나는 새로운 종류의 복제자가 지구 상에 최근에 출현했다고 생각한다. 이것은 우리 눈앞에 있다. 아직은 유아기에 있으며 원시 수프 속에서 서투르게 헤매는 중이다. 하지만 낡은 유전자들이 따라잡을 수 없는 속도로 진화적 변화를 겪고 있다. 이 새로운 수프는 인간 문화의 수프이다. 우리에겐 새로운 복제자의 이름이 필요한데, 그것은 문화 전달(transmission)의 단위, 혹은 모방(imitation)의 단위라는 개념을 표현해 줘야 한다. 이에 관한 그리스어 어원은 'Mimeme'이지만, 나는 'gene'과 같은 단음절을 원한다. 내가 mimeme를 meme으로 줄여 부를 때 고전학자 동료들이 나를 용서해 줬으면 한다. 이를 양해해 준다면, 이것은 'memory', 혹은 불어의 'même'과 연관된 것으로 간주될 수도 있을 것이다.[42]

문화에 관해 이야기하지 않고 인간의 독특성을 이해할 수는 없을 것이다. 그는 밈의 사례로 "선율, 아이디어, 캐치프레이즈, 패션, 주전 자 만드는 방법, 문 만드는 기술" 등을 들었다.[43] 그리고 신 개념(idea of God)을 일종의 '복제자 이론'으로 설명한다.[44]

우선 밈을 또 하나의 복제자로 간주한다는 것은, 예컨대 복제자 의 세 가지 요건(수명(longevity), 산출력(fecundity), 복제 충실도(copying-fidelity))이 밈 영역에서 어떻게 적용되는지, 그리고 그것들이 유전자 의 경우와 어떻게 유사하고 다른지를 비교한 후에 유전자가 복제자 인 이유와 똑같은 의미에서 밈도 복제자라고 간주한다는 뜻이다. 가 령 복제 충실도 면에서 유전적 복제자의 경우에는 매우 높지만 문화 복제자의 경우에는 그렇지 않다는 가상 반론에 대해, 그는 유전적 복 제의 경우에도 그 충실도가 낮은 경우가 있으며 문화 복제의 경우에 도 오히려 충실도가 높은 경우들이 존재한다고 대답한다.

따라서 도킨스가 밈을 복제자로 간주하는 것은 밈이 유전자와 중요한 면에서 상당히 유사하기 때문이라기보다는 유전자와 마찬가 지로 밈도 복제자의 주요 특징들을 대체로 만족시키기 때문이라고 봐야 한다. 이런 맥락에서 밈과 유전자가 서로를 강화하기도 하고 충 돌하기도 한다는 그의 설명은 은유를 넘어선다. 가령 독신에 대해 생 각해 보자. 이것은 유전적 적합도의 관점에서 보면 이해되기 힘든 이 상한 행동이지만, 특정 종교나 이념, 가치의 문화적 적합도 관점에서 보면 충분히 이해되는 현상이다. 이렇게 문화를 만들고 전파하는 인 간의 행동은 유전자와 (다른) 유전자 사이, 유전자와 밈 사이, 그리고 밈과 (다른) 밈 사이의 이해 충돌로 설명되어야 한다. 밈은 유전자와 동등한 자격에서 인간의 행동에 영향을 주는 행위자(agent)이기 때문이다.

도킨스의 밈 이론이 급진적인 진짜 이유는 그것이 이른바 '수혜자 질문(qui bono question)'을 던지기 때문이다.[45] 이 질문이란 말 그대로 '결국 무엇이 이득을 얻는가?'라는 물음이다. 사람들은 대개 유기체 중심적 사고를 갖고 있어서 스스로 자기 자신의 이득을 위해 행동한다고 생각하는 경향이 강하다. 하지만 도킨스는 유전자가 자신의 복사본을 더 많이 퍼뜨리기 위해 운반자인 유기체를 만들어 냈다는 진화의 사실을 드러내 보임으로써, 그리고 때로는 유전자 수준에서의 '욕구'와 개체 수준에서의 '욕구'가 충돌할 수 있음을 보임으로써 수혜자 질문을 다시 철학의 테이블 위에 올려놓았다.[46]

수혜자 질문이 대두되면서 얻어진 자연스러운 귀결 중 하나는, 이제 사람들이 '집단의 응집력'이라는 것이 전에 생각했던 것보다 훨씬 더 깨지기 쉬운 것임을 알게 되었다는 사실이다. 몇몇 논자들이 새로운 유형의 집단 선택론을 들고 나와 집단의 응집성 조건을 탐구하고 있긴 하지만 그 조건은 현실 세계에서는 매우 드물게 만족된다.

그런데 수혜자 질문의 파괴력은 오히려 밈에 대한 논의에서 더 커진다. 왜냐하면 만일 밈도 유전자와 마찬가지로 복제자이고, 유전자가 자신의 유전적 적합도를 높이는 방식으로 행동한다면, 밈도 자신의 밈적 적합도(memetic fitness)를 높이는 방식으로 행동한다는 결론이 나오기 때문이다. 밈은 문화의 전달 단위이다. 특정 단어, 아이디어, 인공물 등도 밈이 될 수 있다. 그런데 이 밈들은 기본적으로 그것의 창시자나 운반자의 적합도를 위해서가 아니라 자기 자신의 적

인간 본성의 진화론적 이해

합도를 높이게끔 행동한다. 이런 결론이 왜 도발적이란 말인가?

예를 들어 보자. 아마 이런 광경을 본 적이 있을 것이다. 매년 한 번씩 100만 명이 넘는 이슬람 신자들이 하지 순례를 하기 위해 메카 주변에 모인다. 이렇게 많은 사람들이 한꺼번에 몰리다 보니 수십 명이 다치거나 심지어 사망하기도 한다. 안전을 생각한다면 결코 진행할 수 없는 회합이다. 하지만 이슬람 교인들의 꿈 중 하나는 일생에 단 한 번이라도 카바 신전을 직접 만져 보는 것이란다. 이런 광경 자체는 이미 미디어를 통해 매년 소개되고 있기 때문에 별로 놀랄 만한 사건처럼 느껴지지 않는다.

그러나 만일 당신이 외계인 과학자라고 생각해 보자. 지구에 와서 호모 사피엔스라는 종을 연구해 보고서를 써야 한다면, 그에게 위와 같은 인간의 행동은 매우 반가울 것이다. 다른 동물들에게서는 절대 볼 수 없는 유형의 행동이기 때문이다. 좀 더 실감 나는 예로 바꿔 보자. 예컨대 당신의 정원에 개미 5000마리가 살고 있다. 그런데 매년 12월 24일 개미들이 정원 어딘가에 모두 모여서 춤을 춘다고 해 보자. 만약 그런 광경을 본다면 놀랍지 않겠는가? 그 누구도 이 현상을 대수롭지 않게 바라보지는 않을 것이다. 더욱이 그가 만일 개미 연구가라면 이 광경은 설명이 요구되는 부분일 것이다. 마찬가지다. 우리 자신이 인간이기 때문에 대수롭지 않게 보이는 행동이지만, 제3자의 관점, 즉 외계인의 시선에서는 설명을 요구할 수밖에 없는 현상들이 있다.

이런 행동, 즉 자신의 유전적 적합도를 낮추면서까지 무언가를 위하는 행동은 유전자의 관점에서는 이해하기 힘든 대목이다. 하지만 밈의 관점에서 보면 어떤가? 중요한 것은 여기서 과연 무엇이 (또는 누가) 최종적으로 이익을 얻느냐는 것이다. 종교 교리, 정치 이념, 경제 제도 등과 같은 밈 자신인가, 아니면 그런 행동을 하는 이들의 유전자인가? 자유, 평등, 평화, 사랑과 같은 (숭고한) 가치를 위해 자신의 삶을 기꺼이 다 바치는 존재, 이것이 인간이다. 그리고 지구 상의 생명체 중에서 오직 인간만이 그런 행동을 한다. 유전자의 관점으로 인간의 마음과 행동을 조망한 것이 진화심리학이라면, 밈학(memetics)은 유전자와 밈의 관점에서 인간 본성을 이해하려는 진화론적 시도라고 할 수 있다.[47]

그렇다면 우리는 어떻게 밈을 위한 기계로 진화하게 되었을까? 우리 조상과 600만 년 전쯤에 한 공통 조상에서 갈라져 나온 침팬지는 여전히 아프리카 숲에서 그때와 비슷한 삶을 살고 있다. 반면 우리의 조상 호모 속들은 전 대륙으로 퍼져 나가 찬란한 문명을 이룩했다. 대체 무엇이 이런 커다란 차이를 만들었을까? 인간의 독특성에 대해 연구하는 학자들은 인간과 다른 동물 간의 모방 능력을 비교해 봄으로써 그 차이에 대한 단서를 찾으려 하고 있다.[48] 그들에 따르면 우리 조상들이 진화의 역사에서 '참된 모방(genuine imitation)'을 할 수 있게 됨으로써 다른 동물들과는 완전히 다른 진화적 경로를 걷게 되었고, 지구 상에서 유일하게 문명을 이룩한 종으로 진화했다.[49] 여기서 '참된 모방'이란 "새롭거나 있을 법하지 않은 행위나 발언, 그리고 본능적 성향이 없는 행위들을 복제하는 행위"를 뜻한다.[50] 이런 관점에서 보면 밈은 인간의 모방 능력을 통해 전달되는 복제자로 이해될 수 있다.

인간 본성의 진화론적 이해

어린 침팬지와 아이들을 대상으로 한 다음의 실험은 인간의 모방 능력이 다른 동물들의 그것과 어떤 중대한 차이가 있는지를 잘 드러내 준다.[51] 이 실험에는 플라스틱으로 만든 두 유형의 상자가 사용되었다. 하나는 투명한 소재로 되어 있어 상자 안의 내부 구조가 다 보이게 되어 있고, 다른 하나는 검은 소재로 되어 있어서 내부가 보이지 않는다. 이 차이 말고는 내부 구조는 동일하다. 상자는 위부분과 아랫부분으로 나뉘어 있고 칸막이가 그 둘을 분리해 주는 역할을 한다. 그중 아랫부분에만 먹이와 먹이를 빼낼 수 있는 문이 있고, 윗부분에는 원통형의 구조물과 그 구조물 아래에는 윗부분의 내부로 통하는 구멍이 있다. 하지만 먹이를 얻기 위해서는 사실 윗부분 전체는 불필요한 부분이다.(그림 3-1)

시범자는 침팬지(또는 인간 아이)가 보는 앞에서 막대로 윗부분의 원통형 구조물을 툭툭 쳐 빼낸 다음에 윗부분에 난 구멍을 통하여 막대를 한 번 집어넣는 행위를 한다. 이어서 아랫부분의 문을 열고 막대기를 이용해 먹이를 빼낸다. 이런 일련의 행위들을 관찰하고 있는 침팬지(또는 인간 아이)에게 시범자는 막대를 건네주며 시도해 보라는 뜻을 전달한다. 침팬지(또는 인간 아이)는 어떤 행동을 보였을까? 불투명한 상자와 투명한 상자의 경우에 행동의 차이가 있었을까?

불투명한 상자의 경우, 아이들의 모방 능력은 거의 완벽했다. 침팬지는 그보다는 못했지만 대략적으로 시범자를 따라 했다. 여기까지는 놀라운 결과가 아니다. 하지만 투명한 상자의 경우에 흥미로운 결과가 관찰되었다. 투명한 상자가 놓이자 침팬지는 상자가 분리되어 있다는 사실을 바로 알아채고는 상자 윗부분에서 시범자가 보였

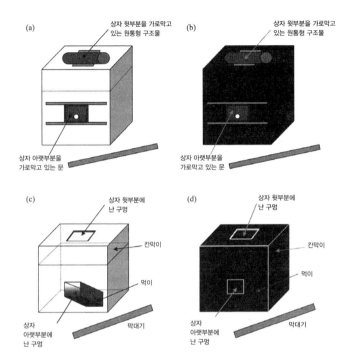

그림 3-1 　모방 실험에 사용된 상자. (a), (c)는 투명한 상자의 외관과 투시도. (b), (d)는 불투명한
　　　　　상자의 외관과 투시도.

출처　　 Victoria Horner and Andrew Whiten, "Causal Knowledge and Imitation/Emulation
　　　　　Switching in Chimpanzees(Pan troglodytes) and Children(Homo sapiens)"

던 (먹이를 얻는 데에는) 불필요해 보이는 행위들은 생략한 채 곧바로
아랫부분의 문을 열고 먹이를 가져갔다. 반면 인간 아이들은 그 경우
에도 '멍청해 보일 만큼' 시범자의 행위를 그대로 따라 했다. 실험의
중립성을 위해서 시범자는 아이들에게 어떠한 언어적 지침을 주지 않
거나, 제한된 지침만을 주었고, 심지어 시범을 보인 뒤 방에서 나가기
도 했다. 과연 인간 아이들은 상자의 윗부분이 보상을 얻는 것과는 무

관하다는 사실을 몰랐을까? 그럴 리 없다. 아이들도 그 사실을 알았지만 침팬지와는 달리 쓸데없어 보이는 그 절차들도 무작정 따라 했다. 어떻게 보면 침팬지는 인간 아이보다 더 영리해 보인다. '먹이 얻기'라는 목표 달성 측면에서 보면 그렇게도 이야기할 수 있다. 하지만 모방 능력 측면에서 보면 이야기가 달라진다. 여기서 침팬지의 행동은 기껏해야 자극 강화(stimulus enhancement)와 같은 본능적 행동이지 참된 모방이라 할 수 없다. 그리고 이런 차이는 문명과 야만을 갈랐다.

대체 왜 이런 차이가 존재할까? 어쩌면 인간의 독특한 생애사(life history)의 진화에 그 비밀이 있을지 모른다. 인간은 다른 영장류에 비해서도 유아기가 가장 긴 종이다. 즉 미숙한 상태로 태어나 상대적으로 가장 오랫동안 돌봄을 받아야만 하는 종이다. 이런 상황에서 유리한 모방 전략은 '무작정 따라 하기'일 것이다. 인간이 다른 동물들과 달리, 절차까지도 그대로 따라 하는 능력('신체 지향적 모방'이라고도 한다.)을 가지고 있는 것은 바로 이런 이유 때문일 것이다.[52]

그렇다면 이런 모방 능력의 진화가 밈의 출현과는 어떤 관련이 있단 말인가? 인간만이 가진 정교한 모방 능력(목표뿐만 아니라 절차까지 따라 할 수 있는 능력)은 인공물을 복제자로 격상시키는 마법 장치였을 것이다. 왜냐하면 이러한 모방 능력은 자연 선택이 작동하기 위해 복제자가 갖춰야 할 '높은 복제 충실도(high fidelity)'를 견인했을 것이기 때문이다. 가령 누군가가 다소 복잡하지만 효과적인 새로운 사냥 기술을 발명했다고 해 보자. 그것을 그대로 복제하는 행동은 틀림없이 유전적 적합도를 높이는 적응 행동이다. 그 기술을 습득함으로 인해 추후에 더 많은 사냥감을 얻을 수 있기 때문이다. 일반적으로 무엇이든 잘 따라 하는 개체는 이성에게도 매력적으로 보일 것이고 짝짓기에 유리해질 것이다. 또한 성공한 개체의 행동을 무작정 따라 하게 하는 메커니즘은 그리 복잡한 과정이 아니면서도 적응적일 수 있다. 성공한 개체의 어떤 행동은 따라 하고 다른 행동은 따라 하지 말라는 지침은 복잡하고 틀릴 수 있도 있다. 무엇이 성공을 가져온 행동인지가 불분명할 수 있기 때문이다. 따라서 모방 능력에 관여하는 유전자들은 집단 내에서 빠르게 퍼졌을 것이다. 그 결과, 인간은 비효율적인 것처럼 보이는 신체 지향적 행동까지도 움직임 수준에서 정확히 따라 할 수 있는 모방 능력을 갖게 되었고, 그 모방 메커니즘 덕분에 인공물들이 복제자의 지위를 얻게 되었다.[53]

이렇게 본다면 인간의 모방 능력이 인간의 유전자와는 독립적인 문화 전달자 밈의 탄생을 촉발했고, 그 밈은 다시 인간의 모방 능력을 발달시키는 역할을 했다고 이야기할 수 있을 것이다. 밈은 모방을 통해서 사람들의 뇌로 퍼져 나가며 나름의 진화의 과정을 겪는다. 그렇다면 침팬지 사회에는 밈이 없다고 말할 수 있는 근거는 무엇일까? 물론 그들에게도 혁신적 행동이나 아이디어가 생겨날 수는 있다. 하지만 인간의 경우처럼 정교하게 절차까지 따라 할 수 있는 모방 능력이 없기 때문에 그런 '밈'은 복제자로서의 밈이 되지 못한다. 게다가 인류는 모방을 넘어서는 가르치는 행위(teaching)를 진화시킴으로써 밈의 복제 충실도를 극대화할 수 있었다.

그런데 여기서 중요한 것은 그 밈이 우리의 보편적 심리 메커니즘을 갈취할 수도 있다는 사실이다. 우리가 만들어 낸 밈들은 대체로 우리의 유전적 적합도를 높이는 것들이었다. 그리고 우리의 심리 메

인간 본성의 진화론적 이해

커니즘은 그것을 더 용이하게 만드는 매개자 역할을 해 왔다. 하지만 밈은 인간의 정교한 모방 능력 덕택에 어느 정도의 자율성(autonomy)을 갖게 되었다. 우리가 가치를 만들지만 그것이 다시 우리에게 영향을 준다. 때로는 유전적 적응도를 훼손시키면서까지 말이다.

예를 들어 보자. 돼지들은 자신이 만든 가치를 위해 평생을 헌신해야겠다는 생각을 하지 못한다. 하지만 우리는 스스로가 창안한 가치와 이념을 위해서 기꺼이 자신을 희생하기도 한다. 이기적 유전자 이론의 관점만으로는 이해할 수 없는 행동이다. 하지만 역사를 돌아보라. 자유, 정의, 평등, 민주주의 등과 같은 이념 때문에 얼마나 많은 사람들이 자발적으로 목숨을 버렸는가? 우리가 만들어 낸 제도나 가치들이 다시 우리의 행동과 마음을 사로잡거나 다른 방향으로 끌고 가는 것, 이것이 바로 인간의 세계에만 있는 고유한 특성이다. 우리는 유전자 기계지만 밈 기계이기도 하다.[54]

5 나오며 ── 인문학에서 과학적 인간학으로

저녁 무렵 슬그머니 풀잎 정상을 향하는 개미들이 있다. 그들은 새벽까지 풀잎을 꽉 깨물고는 꼼짝도 하지 않는다. 뭔가 이유가 있는 행동이지 않을까? 하지만 그 행동 때문에 개미는 풀을 뜯기 시작한 양이나 소에게 잡아먹힌다. 마치 '나 잡아 드세요.'라는 자살 행동 같다. 개미의 관점에서는 도저히 납득이 되지 않는 행동이다. 비밀은 '창형 흡충'이라는 기생충에 있다. 이 기생충의 '꿈'은 번식의 파라다

이스인 양의 위장에 도달하는 것이다. 하지만 혼자서는 그 꿈을 이룰 능력이 없다. 그래서 개미의 뇌를 감염시켜 양에게 쉽게 잡아먹히도록 개미를 조종하는 것이다.

이 무서운 이야기는 곤충을 넘어 포유동물까지 이어진다. 톡소포자충에 감염된 쥐는 심하게 용감해진다. 대개 고양이 오줌 냄새를 맡은 쥐는 고양이의 존재를 느끼고 도망가는데 이 감염 쥐에게는 그런 공포감이 발현되지 않는다. 고양이의 위장에 가서 맘껏 번식하는 것이 최종 목표인 톡소포자충이 쥐의 행동을 조종하고 있기 때문이다. 인간의 경우에 뇌를 감염시키는 것은 기생충이 아니라 밈이다. 밈은 자신의 운반자를 돌보지 않는다. 우리의 뇌는 유전자와 다른 유전자, 유전자와 밈, 그리고 어떤 밈과 다른 밈 간의 전쟁이 벌어지는 '복제자 전쟁터'이다. 이 점이야말로 밈 이론이 우리에게 이야기하는 불편한 진실이다.

인간이란 어떤 존재인가? 우리의 본성은 무엇인가? 인간만의 고유한 특성은 무엇인가? 이제 이런 물음들은 인문학만의 것이 아니다. 오히려 지금은 그 물음의 주도권이 과학으로 많이 넘어왔다. 현대 과학은 실용의 도구를 넘어 인식의 원천으로 진화했다. 아니 원래부터 과학은 그렇게 시작했다. 지금까지 살펴본 인간 본성의 진화론은 과거의 전통적 인문학을 '과학적 인간학'으로 진화시켰다. 이렇게 그려진 큰 그림은 인간이 유전자의 기계로 출발하여 밈 기계로 진화된 존재라고 말한다. 최초의 복제자는 인간을 만들었고 그 인간은 밈을 만들었으며 그 밈은 다시 인간을 새롭게 조직한다. 호모 사피엔스의 미래는 유전자, 인간, 그리고 밈(인공물)의 상호 작용을 통해 결정될 것이다.

아름다운 지구,
몇 가지 큰 질문들

지구의 역사/인간의 진화

김경렬

서울대학교 명예교수,
광주과학기술원 석좌교수

"우리는 어디에서 왔나? 우리는 무엇일까? 우리는 어디로 가고 있는 것일까?(D'où venons nous? Que sommes-nous? Où allons-nous?)"

보스턴 미술관에 전시된 고갱의 유명한 그림의 제목이다. 고갱은 이 그림 속에 주위 원주민들의 이국적인 생각들과 함께 많은 종교적 상징을 그려 넣으면서 이런 심오한 문제에 대하여 자신만의 답을 찾아가려고 노력했음이 분명하다. 이런 질문들은 모든 사람에게 제시된, 결코 어느 하나의 정답으로 해결될 수 없는 어려운 질문임이 틀림이 없다. 그러나 현대를 사는 우리는 지난 20세기의 과학 발전 덕분에 이런 질문에 대한 과학적 답에 놀랍게도 꽤 가까이 접근해 있다.

1 우주 속의 지구

지구의 나이, 즉 우주의 나이에 대한 궁금증은 실은 과학보다는 종교 영역에서 중요한 질문이었다. 아일랜드 대주교 어셔(James Ussher, 1581~1656)가 성경 창세기를 근거로 1650년 제시한 '기원전 4004년 (10월 22일 저녁) 지구 탄생'이 가장 권위 있는 추정으로 알려

그림 4-1 1897년 고갱이 타히티 섬의 푸나우이아(punaauia)에 정착한 후 그린 걸작 「우리는 어디에서 왔나? 우리는 무엇일까? 우리는 어디로 가고 있는 것일까?」(보스턴 미술관 소장)

져 있는데, 케플러(Johannes Kepler, 1571~1630)도 지구의 탄생 시기를 기원전 3993년으로 주장한 것을 보면 성경이 지구를 이해하는 정보의 원천이라는 생각이 얼마나 뿌리 깊었는지를 알 수 있다. 그러나 20세기에 이룩된 놀라운 과학적 발전은 우리 지구의 나이를 46억 년으로 확장했으며 더구나 우리가 추적할 수 있는 우주의 시간 잣대를 138억 년 전으로까지 거슬러 올라갈 수 있게 했다.

1 빅뱅으로 탄생한 우주

지금부터 138억 년 전 빅뱅이라 부르는 엄청난 사건을 통하여 우주가 탄생하였다. 우주는 급격히 팽창하며 식어 가서 탄생 후 38만 년 정도가 되면 절대 온도가 3000K 정도로 낮아진다. 이로써 빛까지 빠져나가지 못할 정도로 빠르게 운동하던 전자가 수소와 헬륨의 핵에 붙잡혀 수소와 헬륨 원자가 만들어지면서 마침내 갇혀 있던 빛이 퍼져 나가며 우주가 갑자기 밝아졌다. 이때 우주로 방출된 빛을 우주

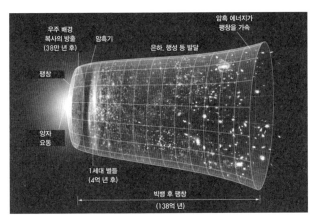

그림 4-2　빅뱅 후 138억 년 동안 진화해 온 우주(NASA)

배경 복사라고 부르는데, 138억 년 동안 우주가 팽창하면서 그 온도
가 3K 정도로 낮아졌다. 그리고 두 차례에 걸쳐 빅뱅이 있었다는 가
장 강력한 증거가 되는 이 배경 복사를 발견한 과학자들에게 노벨 물
리학상이 주어졌다. 이렇게 빅뱅 후 38만 년이 지나서 수소와 헬륨으
로 이루어진 우주가 시작되었다.

　　그런데 오늘날 우주에는 수소 헬륨 이외에도 탄소, 산소, 질소, 인,
철 등 우리 몸을 이루는 데 꼭 필요한 원소들은 물론이고 가장 무거
운 우라늄에 이르기까지 약 90여 가지의 원소가 존재한다. 그동안 우
주에서는 어떤 일들이 일어나면서 이런 원소들이 만들어진 것일까?

　　1672년 뉴턴(Sir Isaac Newton, 1643~1727)은『빛과 색의 신이론』
이라는 연구서에서 프리즘을 통과한 무지개 빛깔의 스펙트럼을 통해
우리 별 태양에서 오는 투명한 백색의 빛이 실제로는 여러 가지 단색
광의 모음이라는 것을 처음으로 보여 주었다. 이후의 많은 연구에서

아름다운 지구, 몇 가지 큰 질문들

빛의 스펙트럼 내에 무수한 검은 선들이 있음을 알게 되었다. 프라운호퍼선(Fraunhofer lines)이라 명명된 이 선들의 비밀을 밝히는 과정에서 과학자들은 이제 태양을 구성하는 원소들의 분포 모습도 이해할 수 있게 되었다.

2 별 보기

사람들은 일찍부터 밤하늘의 별들을 보면서 별마다 밝기가 다른 것을 알고 있었다. 그리고 기원전 2세기경 살았던 히파르코스(Hipparchos, B.C. 190~120)는 육안으로 1025개나 되는 별을 관찰하고 그 밝기에 따라 1등급에서 6등급까지의 여섯 개의 등급을 나누어 주었다. 물론 이 겉보기 밝기는 별의 실제 밝기는 아니다. 왜냐하면 거리가 멀어짐에 따라 별의 겉보기 밝기는 급격하게 줄어들기 때문이다.

저 별이 우리에게서 얼마나 떨어져 있을까 하는 질문은 사람들이 별에 대해 가졌던 큰 궁금증의 하나였다. 비교적 가까운 별은 먼 우주를 배경으로 하여 살펴볼 때 태양 주위를 도는 계절에 따라 위치가 달라진다. 이 차이를 측정하여 별까지의 거리를 알 수 있다. 1838년 독일 쾨니히스베르크 국립 천문대의 대장이었던 베셀(Friedrich Wilhelm Bessel, 1784~1846)은 이 방법을 처음으로 이용하여 백조자리의 61번 별이 지구로부터 무려 10.3광년(정확히는 11.2광년)이나 떨어진 거리에 있음을 알아냈다. 이 거리는 지구에서 태양까지 거리의 무려 60만 배에 해당하는 먼 거리이다. 20세기에 들어와 하버드 대학의 여성 과학자 리비트(Henrietta Swan Leavitt, 1868~1921)가 변광성을 발견하면서 거리 측정 방법에 혁명적 변화가 일어난다. 변광성의 주기가 밝기에 따라서 별까지의 거리와 연계되어 있음을 발견한 것이다. 이렇게 변광성을 통하여 많은 별들과의 거리를 측정할 수 있게 되었고, 또 이 자료와 겉보기 밝기를 통해 이 별들의 실제 밝기를 알 수 있게 되었다.

별에 관한 또 하나의 중요한 궁금증은 별들이 얼마나 뜨거운가 하는 것이다. 예를 들면 우리 별 태양의 표면 온도는 얼마나 될까 하는 질문이다. 뜨거운 물체의 온도를 측정하는 것은 산업 혁명과 함께 19세기 과학자들에게 제시된 중요한 과제이기도 했다. 이 문제에 대한 답의 실마리를 제공해 준 것도 역시 뉴턴이었다. 태양이 방출하는 빛의 스펙트럼을 살펴면 온도에 따라 특별한 파장을 따르는 에너지 분포 곡선을 이룬다. 19세기 말에 이르러 바로 이런 복사 곡선의 특성을 연구하여 별들의 온도를 측정할 수 있게 되었으며 우리 별 태양의 표면 온도가 6000K에 이름을 알게 되었다.

3 별은 태어나고 또 사라진다

별의 실제 밝기와 표면 온도를 양 축으로 하는 그래프에서 별들이 어떻게 분포되어 있는지를 알 수 있게 되었고(H-R도), 이 분포 모습을 연구하는 과정에서 과학자들은 별에게도 태어났다가 다시 사라지는 일생이 있음을 알게 되었다. 그리고 여러 크기의 다양한 별들이 태어나고 사라지는 과정을 통하여 헬륨보다 무거운 새로운 원소들이 만들어지는 것을 알게 되었다.

별은 살아가는 데 에너지를 필요로 한다. 우리 별 태양과 같은 정도의 별들은 온도가 1000만 도 이상이 되는 별 내부에서 수소가 헬륨

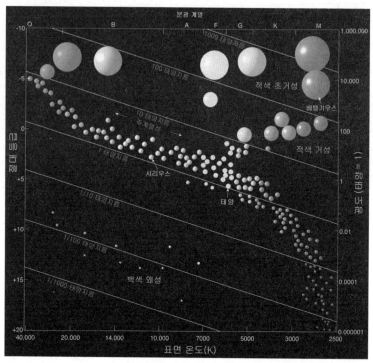

그림 4-3　온도와 밝기에 따라 별이 분포하는 모습을 보여 주는 도표. 'H-R도'로 불린다.
출처　　Frederick K. Lutgens·Edward J. Tarbuck, 김경렬 외 옮김, 『지구 시스템의 이해
　　　　(*Foundations of Earth Science*)』 제3판(박학사, 2003)

으로 융합되며 이런 융합 과정에서 발생하는 에너지를 이용해 그 일
생을 살아간다. 그러나 더 이상 핵융합으로 에너지를 얻어 낼 수 없으
면 적색 거성이라 불리는 거대한 별의 단계를 거쳐 백색 왜성, 그리고
마지막으로는 흑색 왜성으로 가는 여정을 통하여 서서히 사라지며
일생을 마감한다. 우리 별 태양이 앞으로 45억 년 이후 겪게 될 상황
이다.

태양보다 더 큰 질량으로 이루어진 별들은 이로 인하여 내부 온도가 더 높아질 수 있다. 이에 따라 이런 큰 별의 내부에서 이제는 헬륨이 탄소, 산소 등의 더 무거운 원소들로 융합되는 반응이 일어날 수 있으며, 큰 별들은 이때 나오는 에너지를 이용하여 일생을 살게 된다. 따라서 이런 큰 별들의 내부는 마치 양파와 같이 융합의 결과 만들어지는 원소들이 층을 이루고 있다. 그러나 이런 별들도 융합 반응을 더 이상 할 수 없으면 훨씬 더 큰 거성으로 변하여 폭발이라는 격렬한 방법으로 종말을 구하게 되는데, 이런 대폭발을 우리는 마치 초신성이 태어났다고 생각했다. 이 폭발을 마친 큰 별들은 또한 별의 크기에 따라 중성자별 혹은 블랙홀로 그 종착점을 찾아가게 된다. 그런데 이런 초신성이 폭발할 때 이들 큰 별의 내부에 만들어져 있던 여러 무거운 원소들과, 또 이와 같이 극심한 환경에서 탄생한 많은 새로운 원소들이 우주로 퍼져 나가게 된다. 이렇게 지난 138억 년 동안 우주에는 수없이 많은 별이 탄생했다가 사라지면서 우리들이 사는 세계를 이루는 90여 종의 원소들이 끊임없이 생성되고 있었던 것이다.

4 46억 년 전 어느 날

그런데 지금부터 약 46억 년 전 이런 우주의 한 작은 곳, 오늘날 우리가 살고 있는 곳 가까이에서 이상한 일이 일어나기 시작했다. 먼지로 있던 물질들이 서서히 뭉치면서 회전을 시작해 중심에 태양이 만들어지고 그 주위에 아홉 개의 행성이 함께 회전하는 태양계가 만들어진 것이다. 그리고 바로 이런 태양계의 식구의 하나로 아름다운 생명의 행성 지구가 탄생한 것이다.

그림 4-4 하늘에서 바라본 아름다운 지구의 모습
출처   Paul Wessel and Walter H. F. Smith, "Generic Mapping Tools(GMT)"(1991),
          http://gmt.soest.hawaii.edu

2 아름다운 지구를 보는 새로운 눈 — 판 구조론

오늘날 우리는 우리 지구의 아름다운 모습을 우주에서도 볼 수
있는, 옛 선조들은 감히 상상도 할 수 없었던 특별한 시대에 살고 있
다. 그런데 여기서 지구에 관한 큰 질문이 하나 떠오른다. 46억 년 전
태어난 지구는 태어나면서부터 이런 아름다운 모습을 하고 있었을
까? 아니면 언제부터 이런 모습을 갖게 된 것일까? 이렇게 질문에 답
하기 위해서는 지구의 과거 모습을 알아낼 수 있는 방법이 필요하다.
실은 50여 년 전까지만 해도 이 질문은 종교의 영역에서나 답을 찾을
수밖에 없었다. 그런데 오늘날 지구과학자들은 이 질문에 대하여 과
학적 답을 찾아갈 수 있는 중요한 도구를 가지고 있다. 1960년대 후
반부터 지구과학자들이 마치 개종하듯이 받아들인 '판 구조론(plate
tectonics)'이 바로 그것이다.

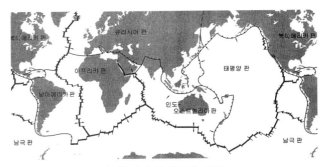

그림 4-5 10여 개의 판과 이들의 경계를 보여 주는 지도

1 판 구조론

판 구조론은 암석권이라 불리는 100킬로미터 정도의 지구 표층이 10여 개의 조각(판, plate)으로 나뉘어 있으며, 이 판들이 끊임없이 움직이고 있다는 이론이다. 판의 두께는 반지름 6370킬로미터의 지구로 보면 아주 얇은 껍질 정도이지만, 물론 사람의 관점으로는 엄청나게 큰 두께임이 틀림없다. 경계를 따라 1년에 수 센티미터씩 판들을 서로 미끄러지며 움직이게 하는 엄청난 힘이 지구 내부에 존재하지만 100킬로미터 두께에 미치는 마찰을 생각해 볼 때 판의 움직임이 그리 순탄하지 않을 것임은 분명하다. 마찰로 인해 움직이지 못하던 판이 밀려오는 힘을 더 이상 버티지 못하고 그동안 누적된 스트레스를 한순간 풀며 수 미터씩 미끄러질 때 엄청난 파괴력을 지닌 지진이 우리에게 일어나는 것이다. 이것이 바로 세계 각지에서 지진 피해 뉴스가 전해질 때마다 판 구조론이 등장하는 연유다.

그런데 판의 경계를 보면 대부분 바닷속에 자리를 잡고 있다. 과학자들은 어떤 방법으로 이곳에 판의 경계가 있음을 알게 된 것일까?

아름다운 지구, 몇 가지 큰 질문들

여기에는 1960년대 이르러 알게 된 지구에 대한 중요한 사실 두 가지가 큰 기여를 했다.

2 지진은 아무 데에서나 일어나지 않는다

1949년 8월 미국을 당혹스럽게 하는 사건이 발생했다. 핵무기 독점을 위해 개발에 열을 올리던 미국의 예상을 깨고 소련이 먼저 원자폭탄 실험에 성공한 것이다. 미국의 핵개발 기밀을 구소련에 전달했다는 혐의로 로젠버그 부부가 체포되어 사형 선고가 내려지며, 이에 반대해 교황을 비롯해 아인슈타인, 러셀, 사르트르 등 세계의 지성들이 아이젠하워 미국 대통령에게 항의 서한을 보내고 구명을 위한 탄원 활동을 벌였다. 그렇지만 로젠버그 부부는 1953년 6월 19일 뉴욕의 한 형무소에서 전기의자에 앉아 세상을 떠났다. 드레퓌스 사건 이후 서방 세계를 들끓게 한 사건이었지만 아직까지도 그 진상이 정확히 밝혀지지 않은 불행한 사건의 하나이다. 이를 시작으로 하여 미소가 경쟁적으로 핵무기 개발에 열을 올린 것은 말할 것도 없다.

미국과 소련이 핵무기 개발을 어느 정도 마무리할 수 있게 된 1963년에 이르러 대기권, 수중 및 우주 공간에서의 핵 실험을 금지하는 부분적 핵 실험 금지 조약(LTBT, Limited Test Ban Treaty)에 116개 국가가 서명하면서 대기권 핵 실험은 지하 핵 실험으로 전환되었다. 그리고 1974년에는 지하 핵 실험 금지 조약(TTBT, Threshold Test Ban Treaty)을 통해 150킬로톤 이상 되는 핵폭탄의 지하 핵 실험이 금지됐다.(물론 1970년대, 1980년대에도 중국, 프랑스가 일부 대기권 실험을 진행하기는 했다.) 이제 미국과 소련은 서로 상대방이 지하에서 하는 핵 실험을 감지할 필요가 분명해진 것이다.

이렇게 지하 핵 실험이 진행되는 것을 감시하는 것도 중요한 한 목표가 되어 전 지구 표준 지진 관측망(WWSSN, Worldwide Standardized Seismograph Network)이라 불린 대규모의 지진 관측망이 지구 곳곳에 설치되었다. 아마 과학자들이 순수한 과학적 목적으로 재정 지원을 정부에 신청했다면 시간이 얼마나 걸렸을는지 모를 관측망 설치가 정치적·군사적 이유로 순식간에 이루어진 것이다. 그리고 이를 통해서 부수적으로 얻어진 자연 지진에 관한 정보는 지구과학자들에게는 너무나도 값진 귀한 선물이었다.

이런 관측망 덕분에 지진학자들은 1960년대에 이르러 세계적으로 어느 곳에서 지진이 일어나고 있는지를 알게 되고 이를 토대로 정확한 지진도를 작성할 수 있게 되었다. 그런데 이 지도가 보여 주는 분명한 사실은 지진이 아무 곳에서나 일어나지 않는다는 것이었다. 지진이 일어나는 지역은 대부분 바다 밑에서 하나의 선을 따라 분포되어 있었다.

3 바닷속에 감추어진 해저의 모습

이 시기에 알려진 또 하나의 중요한 지구 관련 정보가 바로 해저의 모습이었다. 19세기까지만 해도 지표면 70퍼센트 이상을 차지하는 바닷속은 알려진 것이 거의 없는 상상의 영역이었다. 바닷물을 다 증발시키면 해저는 어떤 모습을 드러낼까?

이런 궁금증을 풀어 줄 유일한 방법은 바다 곳곳의 수심을 재어 보는 것이다. 처음 이용된 방법은 줄에 무거운 추를 달아 바다 밑바닥

그림 4-6 1980~1990년대에 일어난 규모 5 이상의 지진 1만 4229개의 분포 모습. 지진이 대부분 바다에서 일어나고 있음을 보여 준다.

출처   National Geophysical Data Center/NOAA(『지구 시스템의 이해』 제3판에 게재)

까지 내리고 줄의 길이를 재는 것이었다. 당연히 수심이 얕은 곳에 제한될 수밖에 없었으나 심해에도 이런 방법을 응용할 수 있게 된 것은 추를 내리는 데 강한 피아노 줄을 이용하면서부터이다. 이런 지루한 상황에 결정적인 변화를 주는 사건이 1912년 발생하였다. 바로 타이태닉(Titanic)호 사건이다.

이 사건으로 배 주변에 있는 빙산과 같은 물체를 탐지하는 기술의 필요성이 상업적으로도 증대되었으며, 사건 발생 2년 후 음파를 이용한 감지 장치가 개발되는데, 바로 잠수함 영화 등을 통해서 우리에게도 익숙한 소나(SONAR)이다. 음파를 수평이 아니라 수직 방향으로 보내면 평균 초속 1500미터 정도의 음파가 해저에 부딪힌 후 다시 배로 돌아온다. 정밀 측심 기록계(PDR)는 항해 중의 배에서 음파를 주기적으로 해저로 발사하고 이들이 해저에 도달한 후 반사되어 배

그림 4-7 브루스 C. 헤이진(Bruce C. Heezen)과 마리 샤프(Marie Tharp)가 수심 자료를 기초로 하여 만든 해저 지형도. 1970년대에 완성된 이 지도는 선을 이루면서 발달되어 있는 해저 산맥과 해구 등의 모습을 보여 준다.

까지 돌아오는 데 걸리는 시간을 연속적으로 측정, 기록하는 장치인데, 이 시간이 수심에 비례하므로 이 기록은 항로상의 연속적 해저 단면의 모습을 나타내게 된다. 수심 측정의 획기적 혁신이 이루어진 것이다.

이런 장비를 응용한 해저 탐사를 통해 1960년대쯤 이르면 서서히 전 지구의 해저 지형도가 만들어지기 시작하는데 드러나는 해저의 모습은 평평하리라고만 생각했던 종래의 예상과는 판이하게 육지보다 오히려 더 복잡한 모습이었다. 대서양 중앙에 남북을 가로지르며 해저 산맥이 형성되어 있고 남극 주변을 돌아 인도양, 태평양에 이르기까지 길게 연결되어 있는 것이 특히 인상적이다. 태평양의 해저는 그 모습이 더욱 복잡하여 칠레 주변에 깊은 해구가 발달되어 있으며, 서태평양에도 마리아나 해구와 같이 남북으로 형성된 깊은 해구

아름다운 지구, 몇 가지 큰 질문들

와 주변의 해저 산맥, 그리고 많은 해저의 산들이 있는 모습을 보이고 있다. 왜 해저는 이런 복잡한 모습을 하고 있을까?

4 지구가 들려주는 시

그런데 지구과학자들을 놀라게 한 것은 지구물리학자들이 얻은 지진의 분포도와 해양학자들이 얻은 해저 지형도에 결코 우연이라고 할 수 없는 어떤 연계성이 있는 것 같다는 사실이었다. 지진이 일어나고 있는 곳이 바로 해저 산맥이나 깊은 해구에 해당하는 지역이었던 것이다. 이런 일치가 말해 주는 것은 과연 무엇일까?

1962년 프린스턴 대학의 헤스(Harry Hess, 1906~1969)가 판 구조론 확립 과정에서 가장 중요한 연구의 하나로 꼽히는 논문 「해양저의 역사(History of Ocean Basins)」를 발표하였다. 이 논문에서 헤스는 "해저 산맥은 지구 내부로부터 용암(magma)이 올라와 식으면서 새로운 해양 지각이 만들어지는 곳이며, 이 해양 지각은 마치 컨베이어 벨트와 같이 시간에 따라 해저 산맥의 정상에서 계속해서 멀어져 가 수백만 년이 지나면 결국은 깊은 해구에 도달하여 지구 내부로 다시 가라앉는다."라는 놀라운 이론을 제시하였다. 이런 일이 과연 일어날 수 있는 것일까? 헤스는 이를 "지구가 들려주는 시"라고 하여 조심스럽게 발표를 하였는데 당시의 많은 지구과학자들의 생각은 회의적이었다.

5 얼룩말 줄무늬의 비밀

1950년대에 새로 시작된 해양 연구 중에 해저 암석들의 자기장에 관한 연구가 있었다. 탐사에 이용된 자력계(magnetometer)는 제2차

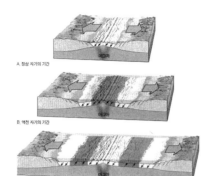

A. 정상 자기의 기간

B. 역전 자기의 기간

C. 정상 자기의 기간

그림 4-8 해저 확장에 의해 얼룩말 줄무늬
의 해저 자기장 변화 모습이 만들
어지는 과정을 보여 주는 모식도

출처 『지구 시스템의 이해』 제3판

세계 대전 중 비행기에서 잠수함을 탐지하기 위해서 개발된 장비를 개조한 것이었다. 자성이 측정 가능할 만큼 충분한 자철광을 함유하고 있는 현무암으로 이루어진 해양저를 가로지르며 해양 조사를 할 때면 으레 자기장이 측정되었다. 그런데 해저 산맥 주위에서 자기장의 분포가 무질서하지 않고 어떤 규칙성을 가진 것처럼 나타난다는 사실을 발견한 것이다. 해저 산맥을 가운데 두고 양쪽으로 정상 자기(normal polarity)를 가진 암석과 역전 자기(reversed polarity)를 가진 암석이 서로 반복되어 해저가 마치 얼룩말의 줄무늬처럼 띠 모양으로 정렬되어 있는 모습(magnetic striping)을 보였다. 이런 규칙적인 줄무늬의 의미는 과연 무엇일까?

1962년 인도양 탐사에 참여한 케임브리지 대학의 바인(Frederik Vine, 1939~)과 매슈스(Drummond Mathews, 1931~1997)는 여기서도 이미 대서양 등에서 관측되었던 얼룩말 줄무늬 모습을 관측했다. 특히 바인의 주목을 끈 것은 줄무늬의 방향이 해저 산맥의 방향과 나란하며 또한 양쪽 줄무늬 패턴이 산맥의 정상을 기준 축으로 하여 서로 대칭의 모습을 보이는 것이었다. 그런데 이들에게는 금과옥조로 여기는 지침서가 하나 있었다. 바로 헤스가 얼마 전 발표한 해양저의 역사에 관한 논문이었다.

이들은 이미 지구물리학계에 매우 논란을 일으키던 두 가지 가설에 대해서 잘 알고 있었다. 하나는 육상 암석들의 지구 자기 연구를 통하여 지난 수천만 년 동안에 지구의 자기가 남북의 방향을 계속 바꾸어 왔다는 것이며, 또 하나는 이미 많은 과학자들이 폐기 처분한 베게너의 대륙 이동설로서 바로 대륙이 갈라져 서로 멀어지면서 그 사이에 바다가 생겼다는 것이다. 그런데 바로 이 둘을 하나로 합치면 자신들이 지금 관측하고 있는 자기 자료를 설명해 낼 수 있음을 알게 된 것이다.

6 바다가 확장되고 있다 — 해저 확장설

"대륙이 갈라지면서 만들어지는 바다 중앙의 해저 산맥에서 용암이 밑으로부터 올라와 식으면서 새로운 암석들이 만들어질 때 이들은 당시의 지자기의 방향에 따라 자화될 것이다. 어느 정도의 시간이 지난 후 지구의 자기가 바뀌면 이때부터 새롭게 만들어지는 해양 지각은 반대 방향의 자성을 가지게 될 것이다. 이렇게 해저 산맥에서 새로운 해양 지각이 계속 만들어지면 이들 암석의 자기 성질은 반복적으로 바뀌게 되며, 이것으로 얼룩말 줄무늬를 보이는 해양 지각의 자기적 성질을 잘 설명할 수 있다."

1963년 바인과 매슈스가 이런 획기적인 생각을 발표하였을 때 별 지지를 받지 못하였음은 물론이다. 그러나 1966년 바인이 이미 육상의 고지자기 연구를 통하여 규명된 지자기의 반전 시기를 이용하여 매년 수 센티미터 정도의 일정한 속도로 해저가 확장하는 것을 가정할 때 해양저가 보여 줄 자기 성질을 이론적으로 계산하고 이를 실측치와 비교하여 두 값이 잘 일치함을 미국지질학회에 발표하면서, 해저 확장설은 본격적으로 과학자들 사이에 논의의 대상으로 자리를 잡는다.

해저 확장의 가설이 맞는지 아닌지를 확실히 검증할 수 있는 방법이 있었다. 해저 산맥을 가로지르며 해양저 시료들을 채취하여 이들의 연령을 측정하고 과연 해저 산맥에서 멀어지면서 점점 오래된 연령을 보이고 있는지 또한 이 지자기가 반전되는 줄무늬의 폭과 지구 자기의 반전의 역사가 시간적으로 과연 일치하는지를 확인하는 것이다. 이를 완성시켜 준 것이 바로 1968년 수행된 해양저 시추 계획인 JOIDES(Joint Oceanographic Institutions for Deep Earth Sampling) 프로그램이었다. 1968년 7월 20일 연구선 글로머 챌린저(Glomar Challenger)호가 미국 텍사스 주를 출발하여 남대서양을 향한 역사적인 처녀항해를 시작하였다. 이 처녀항해의 Leg 3에서 해저 산맥을 가로지르며 열 개의 시추 시료가 채취되었고, 배에 탑승하고 있던 고생물학자들은 즉시 채취된 퇴적물에 포함되어 있는 화석들을 조사하여 각 정점들의 해양 지각의 연대를 추정하였으며, 이 결과는 해저 산맥의 정점에서부터 떨어진 거리에 비례하여 그 정점의 연대가 직선적으로 증가하고 있음을 분명히 보여 주었다. 몇 년 전 영국 케임브리지대학의 매슈스와 바인이 제안한 엄청난 '해저 확장설'을 검증하는 중요한 항해였다.

7 대륙 이동설

판 구조론이 확립된 것은 1960년대 후반에 와서의 일이지만 이 이론도 실은 과거의 지구 모습이 지금과는 달랐던 것 같다는 소박한 생각에서 시작된 것이다. 이 생각은 지금으로부터 500여 년 전인 '탐험의 시대(Age of Exploration)'로 거슬러 올라갈 수 있다.

마젤란(Ferdinand Magellan, 1480~1521) 일행이 세계 일주를 이루며 둥근 지구를 체험으로 입증한 1522년이 몇 년 지난 1527년경에 만들어진 세계 지도를 보면 아메리카 동쪽 연안의 해안선과 유럽 및 아프리카의 해안선이 함께 짜 맞추어 볼 수 있을 정도로 매우 유사한 모습을 보여 준다. 대서양이 중앙에 자리를 잡고 있는 세계 지도를 보는 유럽의 사람들에게 떠오른 소박한 질문이 있었다. "혹시 이들 대륙이 언젠가 함께 붙어 있었던 것은 아닐까?"

베이컨(Francis Bacon, 1561~1626)이 이런 유사성을 두고 "단순한 우연이 아닐 것"이라는 의견을 피력하기도 했고, 생물지리학(biogeography)을 발전시킨 독일의 훔볼트(Alexander von Humboldt, 1769~1859)가 생물학, 지질학, 지리학상의 유사성을 지적하기도 했지만, 이를 과학적인 담론으로 이끌어 낸 사람은 독일의 고기후학자 베게너(Alfred Wegener, 1880~1930)로 꼽힌다. 1912년 베게너는 『대륙 이동(Continental Drift)』이라는 저서에서 과거 판게아(Pangea, '모든 대륙(all lands)'이라는 뜻)라는 거대 대륙으로 함께 붙어 있던 아메리카 대륙과 유럽, 아프리카 대륙이 두 개의 큰 대륙 로라시아(Laurasia)와 곤드와나랜드(Gondwanaland)로 나뉘기 시작하며 이들이 계속 더욱 작은 대륙들로 쪼개지면서 오늘날의 지구 모습이 되었다는 엄청

그림 4-9 마젤란 일행의 세계 일주 이후 얼마 되지 않아 작성된 세계 지도. 유럽, 아프리카의 해안선과 아메리카 동부의 해안선이 꼭 닮아 있다.

난 내용의 '대륙 이동설'을 발표하였다.

판게아 대륙을 짜 맞추어 보면 단지 대륙 모양뿐 아니라 오늘날 몇 대륙들 내에 흩어져서 존재하고 있는 여러 산맥들이 판게아 대륙 내에서 나란히 줄을 맞추어 서 있다는 것이 즉시 눈에 띈다. 지금은 대서양을 가운데 두고 멀리 떨어져 있는 남아메리카와 아프리카의 연안을 따라 특이한 지질학적인 구조나 동식물들의 화석이 동시에 나타난다는 사실도 베게너에게는 두 대륙이 언젠가 하나로 합쳐져 있었다는 확실한 증거로 여겨진 것이다. 기상학자인 베게너가 대륙 이동을 더욱 확신할 수 있었던 증거 중에는 현재의 지리와 맞지 않는 기후 자료가 있었다. 오늘날 사막 지역인 아프리카에서 빙하 시절의 흔적을 보이는 퇴적물이나 오늘날의 극지방에서만 발견되는 특수한 화석 고사리류(Glossopteris)가 발견되는 것 등이었다. 베게너는 절묘한 퍼즐 맞추기에 성공했다고 주장했다.

그런데 베게너의 대륙 이동설은 지구를 보는 우리의 생각을 새롭게 해 주는 중요한 역할을 하였으나 거대한 대륙 덩어리를 그렇게 멀

아름다운 지구, 몇 가지 큰 질문들

리까지 이동시킬 수 있는 힘이 과연 무엇인지를 설명할 수 없었다. 마치 밭을 갈듯 고체 덩어리의 대륙이 바다를 가로질러 갔다는 베게너의 주장을 당시의 과학계는 도저히 받아들일 수 없었던 것이다.

판 구조론으로 들어가는 문턱에서 마지막 걸음을 딛게 해 준 것은, 바로 고체의 대륙 덩어리가 고체 상태의 맨틀 위를 움직여 간다는 베게너의 생각에 그렇게 강하게 반대했던 지구물리학자들이었다.

8 유레카 — 움직이는 것은 판이다

지진이 만들어 내는 지진파가 지각·맨틀 및 핵 등의 층 구조를 가지고 있는 지구 내부에서 이동하는 모습을 자세히 관찰하던 지구물리학자들은 지각과 최상부 맨틀을 포함하는 약 100킬로미터 두께의 암석권(lithosphere)은 매우 단단한 구조를 가지고 있으나, 그 밑에는 연약권(asthenosphere)이라 불리는, 힘을 받으면 '움직일 수 있는' 층이 있음을 알게 되었다. 지구내부가 '단단한 고체'로 되어 있다고 믿으며 베게너의 생각에 그렇게 강한 반대를 하던 지구물리학자들이 새로운 자료를 가지고 이번에는 지구 내부에 '움직일 수 있는' 연약권이 있다는 새로운 결론을 내리면서 50여 년 전 베게너를 괴롭혔던 대륙 이동의 문제를 해결하는 결정적 계기를 마련해 준 것이다.

유레카! 베게너가 주장했던 대륙의 이동이나 매슈스와 바인이 생각한 해저의 움직임 정도가 아니었다. 이보다 훨씬 두꺼운, 지각과 상부 맨틀의 일부를 포함하는 100킬로미터 정도 두께의 판이 실제로 움직이고 있으며, 대륙이나 비다(해양 지각)는 단지 이렇게 움직이는 '암석권'이라는 이름의 거대한 뗏목(판)에 얹혀 함께 움직이는 뗏

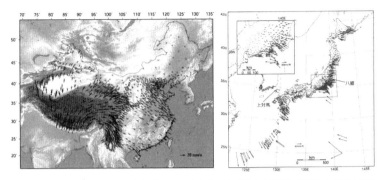

그림 4-10 중국과 일본에 설치되어 있는 GPS 마커의 이동 과정을 추적하여 이해할 수 있게 된 판
의 운동 모습(중국지진국 Dr. Shan 제공, 일본 국토지리원)

목의 손님일 뿐이었다. 우리가 발을 딛고 사는 탄탄한(?) 육지는 마치
뗏목을 타고 떠내려가는 사람들처럼 끊임없이 움직이는 판 위에 얹
혀서 움직이고 있다.

오늘날 우리의 위치를 족집게처럼 알려 주는 GPS 인공위성이 보
여 주는 중국과 일본의 움직임을 보면 판의 움직임을 잘 실감할 수
있다. 두 나라 사이의 우리나라는 움직임이 비교적 적은 덕분에 지진
걱정을 크게 하지 않아도 되어 참 다행이다. 이 판 구조론의 자연스러
운 결론은 지구가 끊임없이 모습을 바꿔 왔으며 앞으로도 계속 바꾸
리라는 것이다.

3 끊임없이 모습을 바꿔온 지구

영화를 거꾸로 돌리듯이 판들의 운동을 과거로 되돌리면서 과학

아름다운 지구, 몇 가지 큰 질문들

자들은 지구의 과거 모습을 찾아갈 수 있게 되었다. 이렇게 알아낸 지구의 과거 모습을 보면 대개 지금부터 약 2억 5000만 년 전(지구 달력 고생대의 페름기)에 이르러서야 현재 우리가 보는 대륙들이 그 모습을 갖추었다. 물론 당시 이들은 하나의 거대한 대륙으로 모여 초대륙을 이루고 있었으며, 이 초대륙에는 '대륙 이동설'을 주장하였던 베게너의 제안대로 '판게아'라는 이름이 붙어 있다.

물론 2억 5000만 년은 사람이 보기에는 엄청나게 긴 시간이지만, 46억 년 나이의 지구로 보면 마지막 5퍼센트밖에 되지 않는 짧은 시간이다. 이때부터 판게아가 여러 개의 작은 대륙으로 쪼개지고 이동, 충돌하면서 지구는 모습을 계속 바꾸어 오늘에 이르렀다. 이 동안 일어났던 주요 사건 몇 가지를 살펴보기로 하자.

1 공룡의 시대 — 중생대

생명의 행성 지구는 과거 지구 상에 살았던 생명들이 남겨 놓은 화석을 통해서 지구만이 가진 특별한 지구 달력을 가지고 있다. 이 달력에 의하면 2억 5000만 년은 대개 지구 상에 어류, 양서류 등이 살았던 시대에서 공룡으로 대표되는 파충류의 시대로 넘어가는 시기에 해당한다. 이 시기는 거대 공룡이 지구 상에서 사라지는 6500만 년 전까지 1억 8000만 년 정도 유지되는데 이를 중생대라고 부른다. 중생대의 특징은 따뜻한 기후로, 지구상의 많은 면적이 따뜻한 얕은 바다로 덮여 있었던 시대였다. 그리고 이때 바다에 살던 생물들이 죽어 우리에게 석유라는 고마운 자원을 남겨 준 것이다.

약 6500만 년 전 어느 날 직경 10킬로미터 이상 되는 거대한 운

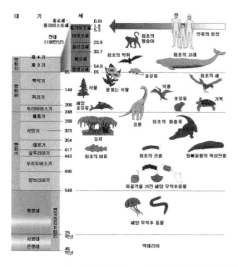

그림 4-11 지구 상에 살던 생물들이 남겨 놓은 흔적(화석)을 통해 만들 수 있는 지구 달력

석이 지구에 충돌한 파국적 사건이 일어나면서 지구는 거대 파충류의 종말을 고하고 포유류의 시대인 신생대로 새로이 진입하게 된다.

2 거대한 충돌로 시작된 포유류의 시대 — 신생대

당시의 지구 모습은 오늘날과 제법 유사해졌으면서도 꽤 다른 부분이 있었다. 유라시아 대륙에 지구의 지붕이라 불리는 티베트 고원이 아직 없었고 인도의 모습도 보이지 않으며, 오늘날 인도양이 있는 자리에 테티스 바다가 자리를 잡고 있었다. 그러나 이 이후 지구의 모습은 여러 급격한 변화를 겪으면서 오늘에 이르게 되며, 이는 불과 지구 나이의 1.8퍼센트밖에 되지 않는 짧은 사이의 일이다. 이때 이루어진 중요한 사건들을 살펴보자.

아름다운 지구, 몇 가지 큰 질문들

그림 4-12 6500만 년 전의 운석이 충돌한 위치와 이때 만들어진 파편의 모습

남극 대륙의 독립 아주 중요한 사건으로 약 5500만 년 전 마무리
된 남극 대륙의 고립을 들 수 있다. 서로 붙어 있던 남극 대륙과 인
도(!), 오스트레일리아 및 아메리카 대륙이 떨어지면서 그 사이에 바
닷물이 차고 남극 대륙은 바다로 둘러싸인 고립된 대륙이 되었다. 이
는 신생대의 포유류 이동 및 진화에 큰 영향을 미친 중요한 사건이
다. 그러나 더욱 중요한 것은 남극 주위를 도는 차가운 '남극 순환류
(AACC, AntArctic Circumpolar Current)'가 형성되면서 남극을 점점 차
게 만들고 이곳에 영구적인 빙모가 형성되며 지구 전체의 기후가 현
저히 낮아진 것이다.

그리고 우리가 5대양이라 부르는 대양 중 네 개인 태평양, 대서
양, 인도양 그리고 남빙양이 실은 남빙양을 통해 하나의 바다가 되어
여기 있는 바닷물 전체가 계속 섞이고 있다. 이런 순환을 과학자들은
컨베이어 벨트를 통해 바닷물이 이동하며 서로 쉬이는 것으로 설명
하고 있는데 지구의 기후를 결정하는 매우 중요한 현상이며 뒤에 더

살펴보기로 하자.

지구의 지붕 티베트 고원의 형성　또 하나의 결정적인 변화로 히말라야 산맥의 형성을 꼽을 수 있다. 인도 대륙이 남극 대륙에서 떨어져 나와 연 10센티미터 이상의 고속(?)으로 북상하여 유라시아 대륙과 충돌하기 시작한 것은 약 5500만 년 전의 일이다. 서북부 지역부터 충돌한 인도 대륙이 반시계 방향으로 서서히 회전하면서 테티스 바다가 닫히기 시작했다. 약 4500만 년 전에 이르면 인도에 다양한 대륙의 포유류들이 출현하는데 이때부터 인도와 유라시아 대륙 사이에 육로가 충분히 형성되었음을 말해 주고 있다. 그리고 2000만 년 전이 되면 인더스 강, 갠지스 강 하구에 산맥이 풍화된 퇴적물들이 나타나며 이때에 이르러 히말라야 산맥이 융기하기 시작한 것을 알 수 있다. 그리고 약 400만 년 전에 이르면 최고 높이 8800미터를 넘는 히말라야 산맥이 형성되며 융기 작용이 대개 마무리된 것으로 여겨진다. 서로 충돌하는 두 대륙이 테티스 바다를 없애며 그 자리에 거대한 산맥을 만들어 낸 것이다. 이런 거대 규모의 땅덩이로 인해 계절에 따라 대륙과 바다 사이의 바람 방향이 바뀌는 몬순(계절풍) 기후가 시작되었다.

멕시코 만류 ─ 파나마 지협이 닫히다　마지막 가장 중요한 변화로 약 300만 년 전 남·북 아메리카 대륙이 파나마 지협에서 서로 연결된 것을 꼽을 수 있다. 이 이전에는 대서양 적도 지방의 더운 해류가 그대로 태평양으로 흘러들어갔다. 그러나 이제는 파나마 지협의 장애로 따뜻한 해수가 북아메리카 대륙의 동쪽 해안을 따라 북진하기 시작하며, 이 멕시코 만류(Gulf Stream)는 동토의 땅 유럽을 따뜻하게 덥히기

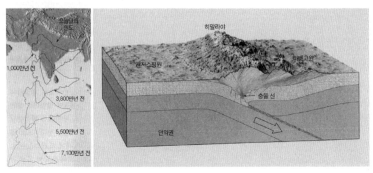

그림 4-13 인도 대륙의 충돌
출처   『지구 시스템의 이해』 제3판.

그림 4-14 파나마 지협의 형성

시작하였다. 이로 인해 북위 51.5도에 위치한 런던이 북위 37.6도의 서울과 비슷한 겨울 날씨를 갖게 된 것이다.

바다가 지구 기후에 얼마나 중요한지를 보여 주는 좋은 예이며, 그리고 이때에 이르러서야 비로소 지구는 모습으로 보나 기후로 보나 오늘날의 지구 모습에 꽤 가까워진 것으로 여겨진다. 지구 나이의 99.93퍼센트가 경과한 후의 일이다.

3 특별한 기후 현상 ─ 밀란코비치 순환

파나마 지협이 형성된 것과 비슷한 시기에 지구 기후는 아주 특

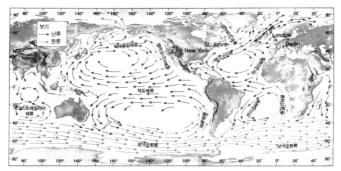

그림 4-15 표층 해수의 운동. 지구 기후를 결정하는 중요한 과정이다.
출처   『지구 시스템의 이해』 제3판

별한 패턴을 보이기 시작하였다. 즉 지구 기후가 10만 년을 주기로 따뜻한 기후(간빙기)와 찬 기후(빙하기)를 반복하고 있는 것이다. 지질학자들은 이를 플라이스토세(258만 년 전)가 시작되는 시점으로 부르고 있으며, 인류 역사에서는 대개 구석기 시대가 시작되는 시기에 해당한다. 과학자들은 케플러가 확인한 타원형 궤도를 따라 태양 주위를 도는 지구의 공전에서 이런 기후 변동의 원인이 찾을 수 있다고 믿는다. 문제는 공전과 관련된 천문 변수들의 작은 요동이다. 지구의 자전축은 약 2만 6000년을 주기로 세차 운동을 하며, 공전 궤도의 이심률도 약 10만 년의 주기로 변화한다. 또한 공전 면에서 약 23.5도 기울어진 지구 자전축의 기울기도 약 4만 1000년의 주기로 커졌다 작아지는 요동을 한다.

1904년 독일의 수학자 필그림(Ludwig Pilgrim, 1844~1927)은 지난 수백만 년간 세 변수가 변화하는 양상을 계산한 결과를 발표했는데, 밀란코비치(Milutin Milanković, 1879~1958)는 이런 변화가 어느 정해

아름다운 지구, 몇 가지 큰 질문들

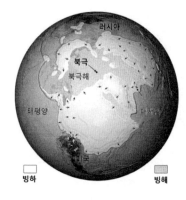

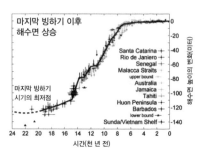

그림 4-16　빙하기 동안 빙하가 최대로 확장했을 때의 북반구 모습. 북극 주위의 북극해를 덮고 있는 것은 빙해(sea ice)로서 빙하가 아니다. 오른쪽 그래프를 보면 빙하기가 절정에 있었던 지난 2만 년 전부터 지구가 따뜻해지고 빙하가 녹으면서 해수면이 상승하는 모습을 볼 수 있다.
출처　　　『지구 시스템의 이해』 제3판(왼쪽)

진 위도에서 지표면 단위 면적에 도달하는 열량을 계절적으로 어떻게 변화시키는지를 계산했다. 초창기 결과가 정리되어 1920년 책으로 발간되며, 제2차 세계 대전이 진행되던 1941년 밀란코비치의 나이 62세 때 그의 일생의 업적을 정리한 책이 베오그라드에서 발간된다. 과거 기후에 관한 자료들이 충분하지 못했던 시절에는 과학자들이 밀란코비치의 예측을 쉽게 받아들일 수 없었던 것이 사실이다. 그러나 1950년대에 이르러 바다 밑 퇴적물에 간직된 생물 유해의 탄소 동위 원소비나 고위도 지역의 빙하를 이루는 물의 수소 동위 원소비 등을 조사하여 밝힌 연구 결과들은 지구가 지난 300만여 년 동안 밀란코비치의 순환을 따라 약 10만 년을 주기로 추운 빙하기와 따뜻한 간빙기를 왕복하는 기후 변동을 해 왔음을 보여 준다.

이런 기후 변화에 수반하여 지구가 겪은 아주 중요한 사실은 빙하기에 약 120미터에 이르는 표층의 해수가 육상의 빙하로 옮겨 왔다가 간빙기가 되면 다시 바다로 녹아 돌아가는 해수면의 변동이다. 지난 빙하기의 절정에 있었던 약 2만 년 전 해수면은 현재에 비해 약 120미터 이상 낮았으며 지구가 따뜻해지면서 빙하가 녹아 다시 바다로 돌아와 약 8000년 전에 이르러서야 오늘날의 해수면에 도달했다. 그리고 2만 년 전 마지막 빙하기의 절정을 거친 지구가 따뜻한 간빙기로 돌입하면서 해수면이 어느 정도 최근의 수준에 이른 약 1만 년 전부터 오늘의 인류 문명의 시작으로 볼 수 있는 신석기 문명이 꽃피기 시작한 것이다.

4 바로 지금 아름다운 지구

끊임없이 지구 모습이 변하면서 바다의 흐름이 바뀌고 또한 공기의 흐름이 바뀌며 오늘의 지구가 만들어졌다. 그런데 지난 2억여 년 동안 지구가 변해 온 모습을 보면 아무래도 지금의 지구 모습이 가장 아름다워 보인다. 지구 46억 년의 역사상 가장 아름다운 모습을 지구가 갖춘 후에 우리가 지구에 태어나 살고 있다는 것이 어떤 중요한 의미를 가지는 것은 아닐까? 아름다운 지구를 더욱 아끼고 가꾸고 사랑하며 또한 우리의 삶을 더욱 열심히 살아야 할 충분한 이유가 있는 것 같다.

4 위기를 맞은 지구?

2007년 노벨상 위원회는 '불편한 진실'이라는 이름으로 지구 온난화를 걱정하는 많은 캠페인을 벌였던 미국의 정치가 앨 고어(Albert Arnold Gore Jr., 1948~)와 함께 IPCC 4차 보고서를 작성하는 데 수고한 약 1000여 명의 과학자들을 노벨 평화상 수상자로 선정하였다. 사람들이 만들어 낸 기후 변화에 관한 지식을 정리하고 널리 알리며 이런 변화에 대응하는 데 필요한 여러 방안의 기초를 다진 노력을 기리는 수상이었다.

이렇게 노벨 평화상을 공동 수상한 IPCC(Intergovernmental Panel on Climate Change, 기후 변화에 관한 정부 간 협의체)는 기후와 관련된 지구과학을 전공하는 과학자들의 모임으로, 유엔환경계획(UNEP)과 세계기상협회(WMO)가 공동으로 제안하여 1988년 처음으로 구성되었다. IPCC의 주 임무는 기후 변화에 관하여 과학적 담론을 정리한 보고서를 발간하는 것이다. IPCC 4차 보고서 「기후 변화 2007」의 가장 중요한 내용은 다음과 같다.

"지구 온난화는 명백한 사실이며, 더구나 그 변화 속도로 볼 때 지구 45억 년의 역사를 통틀어 유례가 없었던 매우 빠른 속도로 지구가 더워지고 있다. 특히 더욱 염려스러운 것은 그 원인이 인간의 활동에 의한 온실 기체의 증가라는 점이다."

사람들은 기록을 통하여 지구의 기후가 변해 왔음을 알고 있다.

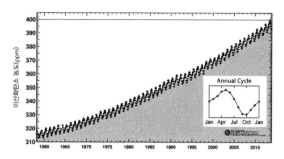

그림 4-17　1957년 이후 키일링이 하와이 섬 마우나로아 3400미터 고도에서 관측한 대기 중의 탄산가스 농도(Scripps Institution of Oceanography, Prof. Ralph Keeling 제공)

유럽이 중세기에 매우 온난하였으나 14~18세기에 걸쳐서 '소빙하기 (Little Ice Age)'라고 부르는 추운 기후를 겪었다. 시간을 더욱 거슬러 올라가면 지구에 빙하기가 있었다는 것도 이미 알고 있다. 그런데도 과학자들은 어떤 근거에서 인간이 지구 온난화를 만들어 낸 것이 거의 확실하다는 결론을 내린 것일까?

1 IGY과 키일링 곡선

최근의 지구 온난화를 인간의 활동과 연계시킬 수 있는 가장 중요한 연결 고리로 '키일링 곡선(Keeling Curve)'이라 불리는 대기 중 탄산가스(이산화탄소)의 농도 변화 관측 자료를 꼽을 수 있다.

유엔이 IGY(International Geophysical Year, 국제 지구물리의 해)라는 이름을 붙였던 1957년, 미국의 화학자 키일링(Charles Keeling, 1928~2005)이 하와이 섬 마우나로아 3400미터 정도의 고도에서 대기 중 탄산가스 농도를 관측하기 시작하였다. 수년 전 세상을 떠나기

　　　　　　　아름다운 지구, 몇 가지 큰 질문들

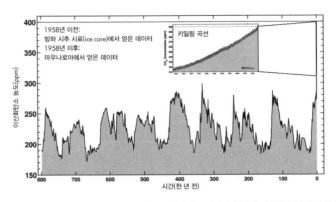

그림 4-18 지난 80만 년 동안의 대기 중 탄산가스 변화와 최근의 키일링 곡선이 보여 주는 변화를
함께 도시한 그래프(Scripps Institution of Oceanography, Prof. Ralph Keeling 제공)

전까지 그는 대기 중 탄산가스의 농도를 '정확히' 측정하는 데 자신
의 일생을 바쳤는데, 그의 이 관측 자료를 키일링 곡선이라 부른다.
그런데 이 자료는 북반구 대기 중 탄산가스의 농도가 매년 여름이면
감소하고 겨울이면 증가하는 변화를 반복하고 있음을 보이고 있으며
지구 상의 식물들이 여름철 활발히 진행하는 광합성과 겨울철의 우
세한 호흡작용의 효과가 대기 중 탄산가스의 농도 변화로 나타나고
있음을 알려 준다. 그런데 이에 더하여 키일링 곡선은 탄산가스의 농
도가 계속해서 증가하고 있음을 아울러 보여 주고 있다. 이런 증가의
의미는 무엇일까?

2 지구의 과거 알아내기

키일링 곡선이 정말로 인간의 활동을 반영한 것인지 알 수 있는
방법의 하나는 과거 인간 활동의 영향이 없던 시절의 대기 중 탄산가

스 농도가 변해 온 모습을 이해하고 이런 결과를 최근의 변화와 비교해 보는 것이다. 다행히 과거의 지구 대기에 관한 정보를 얻을 수 있는 자료가 바로 그린란드나 남극에 있었다. 눈이 계속 쌓여 갈 때 밑에 있는 눈은 점점 눌리게 되며, 마침내 쌓인 눈의 두께가 약 70여 미터에 이르면 그 아래의 눈은 결국 위의 눈의 무게를 이기지 못하고 얼음으로 변하며 이런 과정이 반복되면서 빙하가 만들어진다. 이때 중요한 점은 쌓이는 눈의 주위에 있던 당시의 공기가 얼음 속에 함께 갇히게 된다는 것이다. 실제 얼음 부피의 약 10분의 1 정도의 공기가 얼음 속에 포함되어 있다. 과거 이곳에 매년 내린 눈이 차곡차곡 쌓여 가면서 지금은 두께가 수천 미터까지 이르게 된 두꺼운 빙하에 구멍을 뚫고 시추해 들어가면서 얼음 시료를 채취하면 과거의 공기 시료를 얻을 수 있는 것이다.

3 인간 활동의 영향

가장 성공적인 연구로 남극 보스토크(Vostok) 기지에서 시추한 3700여 미터의 시료에서 얻은 결과를 꼽는다. 이 시료를 이용하여 과학자들은 지난 40만여 년 동안 약 네 번의 빙하기를 거치면서 대기 중 탄산가스의 농도가 어떻게 변화하는지 추적할 수 있었다. 이를 통해 약 10만 년을 주기로 하여 대기 중 탄산가스의 농도가 자연적으로도 섭씨 6도 정도 온도가 낮았던 빙하기 시기의 약 200ppmv에서 간빙기의 280ppmv 사이로 80ppm 정도의 큰 변화를 반복해 온 것을 알 수 있었다. 이제 자연적인 탄산가스의 농도 변화 곡선과 최근의 변화인 키일링 곡선을 함께 도시하여 살펴보는 일만이 남은 셈이다.

약 1만 년 전 280ppmv 정도의 값을 보이던 탄산가스의 농도는 와트(James Watt, 1736~1819)가 증기 기관을 발명한 1700년대 중반부터 증가하기 시작한다. 19세기에 들어서면 더욱 급속도로 증가하여 결국은 최근의 실제 관측 자료인 키일링 곡선에 자연스럽게 연결되고 있다. 그런데 충격적인 사실은 긴 지질학적 시간 잣대로 보아서는 거의 순간적이라 할 만큼 짧은 시간에 해당하는 산업 혁명 이후 불과 200년 정도에 10만여 년 이상의 긴 시간에 걸쳐서 일어나고 있던 약 80ppm 이상의 농도 변화가 있었던 것이다. 꾸준히 증가하는 변화의 속도로 볼 때 키일링 곡선이 보여 주는 최근의 농도 변화가 자연적인 변화의 일부로 보기에는 너무 큰 변화임이 분명하다. IPCC 보고서는 이런 관측 자료에 기초하여 키일링 곡선은 인간 활동이 만들어 낸 것이라는 결론을 내릴 수 있었다. 지구를 따뜻하게 해 주는 대표적인 온실 기체인 탄산가스의 농도 증가는 인간의 활동이 인위적으로 기후에 강제력을 부여하고 있음을 분명히 보여 준다.

그런데 과학자들은 이런 심증을 어떤 방법으로 과학적 증거로 만들어 낼 수 있었을까? 과학자들이 사용할 수 있는 도구는 결국 그 기능이 날로 커지는 컴퓨터를 이용하여 개발한 정교한 기후 모형이다. 이런 기후 모형을 이용하여 과학자들은 아직 완벽에 이를 수는 없는 정도이지만 비교적 일관성이 있는 기후 예측을 할 수 있게 되었으며, 최근의 지구 기후의 변화를 모사해 볼 수 있었음은 물론이다. 온실 기체 증가를 포함하지 않은 모사와 포함한 모사를 동시에 수행하고 이들 결과를 실제 관측 자료와 비교해 보았을 때, 실제의 관측결과를 얻기 위해서는 온실 기체의 인위적 증가가 반드시 포함되어야 함을 알게 된 것이다. IPCC 과학자들은 바로 이런 컴퓨터 모형 결과에 근거하여 지구 온난화에 인간의 활동이 깊이 관여되어 있다는 결론을 내릴 수 있었으며, 이런 방법은 현재 과학자들이 할 수 있는 최선의 방법으로 여겨진다.

4 인간세

이런 지난 200여 년 동안의 탄산가스의 급격한 농도 변화는 목축 산업의 부산물인 메탄(CH_4)이나 농업 혁명을 이룰 수 있게 한 질소 비료의 원하지 않는 부산물인 산화이질소(N_2O, nitrous oxide)와 같은 다른 온실 기체에서도 마찬가지로 관측된다. 오존층의 화학을 규명한 연구로 1995년 노벨 화학상을 수상한 크루첸(Paul Crutzen, 1933~) 교수는 지난 200여 년의 시간에 '인간세(Anthropocene)'라는 이름을 부여하는 것이 적절할 것 같다는 제안을 하였다. 인간의 활동이 이제는 자연적인 지질학적 강제력에 맞먹을 정도로 커져 지구 변화를 유도할 수 있는 강제력을 가졌음을 받아들여야 한다는 생각이었다.

"지구 기후가 앞으로 어떻게 변할 것인가?" 누구나 답을 알고 싶어 하는 중요한 질문이지만 유감스럽게도 그 예측(prediction)은 불가능하다. 과학자들이 수권, 지권, 생물권, 대기권이 서로 복잡하게 얽혀 있는 기후 시스템을 다 이해하지 못하는 것도 물론 중요한 하나의 요인이다. 그러나 더 중요한 것은 앞으로 "사람들이 어떻게 행동할 것인가?"라는 중요한 변수에서 불확실성이 크기 때문이다. 따라서 IPCC에 참여하고 있는 과학자들은 사람들이 취할 수 있는 몇 가지 예상 시나리오를 만들고 이들 시나리오에 따라 지구 기후가 어떻게

그림 4-19　1995년 노벨 화학상을 수상한 폴 크루첸 교수(ⓒ Teemu Rajala)와 그가 제안한 '인간
세(Anthropocene)' 용어를 표지에 실은 《기후 변화(Global Change)》

변화할지를 최선을 다해 전망(projection)하고 이를 보고서에 담는다.
IPCC는 1990년 1차 보고서를 시작으로 하여 지금까지 5차에 걸쳐 보
고서를 발간하였다. 그런데 이 보고서가 이야기하고 있는 미래의 기
후에 대한 전망이 그리 밝지 않다는 것이 걱정인 것이다.

5 여섯 번째의 멸종?

지구 온난화가 정말 그렇게 걱정일까? 기후를 연구하는 많은 과
학자들은 이에 대하여 "그렇다."라고 대답하고 있다. 극심한 가뭄이
나 폭우 등의 이상 기후가 더 자주 발생할 것이 예상되며, 태풍의 강
도가 세지고 발생 빈도가 높아질 것이 거의 확실해 보인다. 특히 염려

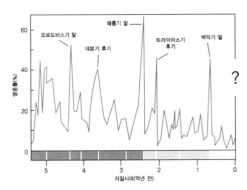

그림 4-19　지구 상에 있었던 멸종의 모습. 이제 여섯 번째의 멸종이 오는 것이 아닌가 걱정하는 과
　　　　　학자들이 있다.
출처　　　최덕근, 『지구의 이해』(서울대학교출판부, 2003)

되는 심각한 문제는 해수면의 빠른 상승이다. 지구가 더워지면서 빙
하의 일부가 녹는 것도 중요한 요인이 되지만 현재는 더워진 바닷물
의 부피 팽창이 더 주된 원인이 되고 있다. 과학자들은 금세기 말에
이르기까지 전 지구 평균으로 적어도 수십 센티미터 정도 해수면이
상승할 것으로 추정하고 있으며, 이에 따라 저지대가 많은 나라가 겪
을 어려움은 쉽게 짐작이 된다. 더구나 이렇게 상승한 해수면이 조석
이나 태풍 등과 함께 작용할 때 그 파괴 효과가 가중될 것임은 더 말
할 나위가 없다. 더욱 심각한 것은 지금의 상승 속도가 지구 과거 여
느 때에 비하여 너무 빠르다는 것이다. 지구 온난화가 예측하는 지구
환경의 미래가 어려운 방향으로 추가 기울어지고 있는 것은 피할 수
없는 사실 같다. 더욱 난처한 것은 지구 온난화는 지금보다도 우리 후
손들이 살아가야 할 미래의 지구 환경에 더욱 절실한 문제인데 문제
의 원인을 제공하는 오늘을 사는 우리가 이를 위해 할 수 있는 방법

139　　　　　　　　　　　　　　　　　　아름다운 지구, 몇 가지 큰 질문들

이 그리 간단하지 않다는 것이다.

일부 과학자들은 과거 지구 상에 존재했던 생명이 보여 준 멸종 기록을 살피며 다섯 번에 걸친 대멸종 사건 이후 우리가 여섯 번째의 멸종을 향해 가는 것이 아닌가 하는 우려의 목소리를 내기도 한다.

6 탄산가스의 수지 계산서

IPCC가 기울인 노력의 하나는 사람들이 도대체 얼마나 많은 탄산가스를 만들어 내며, 이렇게 만들어진 탄산가스는 어디로 가는지 그 행방을 추적하는 것이었다. 이러한 노력을 통해 탄산가스의 대체적인 전 지구적 수지 계산서가 만들어졌다. 지난 1997년의 탄산가스의 평균적 수지 계산서와 13년 후인 2010년의 변화된 결과를 살펴보자.

지난 1990년대 중반 약 60억 명의 지구 식구들이 1년에 약 64억 톤의 탄산가스(위의 숫자는 탄산가스 중의 탄소(C)의 양만을 고려한 것이다.)를 화석 연료를 통해 방출하므로, 한 사람이 평균적으로 1년에 약 1톤 정도의 탄산가스를 방출하였다. 그렇지만 이 값은 결코 공평한 값은 아니다. 선진국으로 갈수록 그 값이 커서 미국은 약 5.6톤 정도, 우리나라도 2.6톤 정도로 세계 평균보다 훨씬 많은 양의 탄산가스를 배출하고 있다. 이들 숫자를 보면 탄산가스 배출이 그 나라의 살림살이와 밀접히 관련되어 있으며 우리나라도 배출량이 만만치 않은 나라 중의 하나임을 알 수 있다.

이렇게 방출된 탄산가스를 바다가 열심히 흡수하며(22억 톤) 식물 또한 성장하면서 상당 부분을 다시 흡수하지만(27억 톤) 역부족이다. 채 감당하지 못하는 나머지(31억 톤)가 대기 중에 남아서 탄산가

	1997년	2010년
탄산가스 만들기		
화석 연료의 연소 및 시멘트 생산	64	91
삼림 벌채 및 열대 지역의 화전	16	9
총계	80	100
탄산가스의 행방		
대기 중으로(키일링 곡선의 증가분)	31	50
바다 속으로	22	24
육상 식물들 내로	27	26
총계	80	100

표 4-1   탄산가스의 수지 계산서(단위: 억 톤)

국가	1997년 (톤)	2010년 (톤)	배출량 순위	국가	1997년 (톤)	2010년 (톤)	배출량 순위
미국	5.6	4.9	2	**한국**	2.6	3.2	8
독일	2.9	2.5	6	**멕시코**	1.0	1.1	13
일본	2.5	2.4	5	**프랑스**	1.7	1.5	18
중국	0.7	1.7	1	**인도**	0.3	0.5	3

표 4-2   각국의 1인당 평균 탄소 배출량의 변화와 2010년 탄소 배출량 순위

스 농도를 증가시키고 바로 이것이 증가 추세의 키일링 곡선으로 나
타나는 것이다.

　　2010년대에 이르면 10여 년이 지나는 사이에 벌써 화석 연료에
의한 배출량이 27억 톤 정도나 늘어나고 1인당 방출량도 1.3톤 정도

로 30퍼센트나 증가한다. 이 동안 전세계 인구의 5분의 1을 차지하는 중국의 1인당 배출량이 0.7톤에서 1.7톤으로 2.5배 가까이 뛴 것이 중요한 원인이었음은 물론이다. 문제는 이를 흡수하는 바다나 육상 식물의 역할이 별로 변하지 못하므로 자연히 증가된 값이 대기 중에 그대로 남아 있으면서 키일링 곡선의 기울기를 더욱 가파르게 만들고 있는 것이다.

여기에서 조금 예외적으로 방출량이 적은 나라가 하나 눈에 띈다. 바로 프랑스이다. 실제 탄산가스가 방출되는 경로를 살펴보면 총 방출량의 3분의 1 정도가 석탄이나 석유를 사용하는 화력 발전을 통해 전기를 생산하는 과정에서 방출되는 것이다. 그리고 프랑스의 탄산가스 배출량이 적은 이유는 바로 전력의 80퍼센트 가까이를 탄산가스를 내지 않는 원자력에 의존하기 때문이다. 오늘날 과학에 던져진 중요한 과제는 탄산가스의 배출을 최소화하면서 전기를 만들어 낼 수 있는 발전(發電) 방법을 찾아가는 것이다.

7 세계 정상들의 모임 — 당사국 회의

이제 모든 세계정상회의에서 지구 온난화 문제는 빠질 수 없는 주제가 되었다. 1992년 리우 지구정상회의에서 채택된 유엔기후변화협약(UNFCCC, UN Framework Convention on Climate Change)이 50개국에 의해 조인되면서 1994년 효력이 발생한 후 매년 열리는 당사국 회의가 대표적 예이다. 특히 1997년 교토에서 열린 제3차 당사국 회의에서 채택된 교토 의정서는 온실 기체의 구체적인 감축을 의무화하는 중요한 틀을 제시하였지만, 기본 원칙에 동의하면서도 실제 감축

방안을 마련하는 데 있어서는 서로 많은 이견이 있다. 2005년 마침내 러시아가 이를 조인함으로서 교토 의정서가 효력을 발휘하게는 되었으나 파국을 예방하려는 노력이 결코 쉽지만은 않아 보인다.

2011년 12월 멕시코 칸쿤에서 열린 17차 당사국 회의는 2012년 종료되는 교토 의정서를 대체하는 후속 대책으로 당분간은 교토 의정서를 지속해 가기로 결정했으며, 지구 온난화를 약 2도 정도에서 멈추게 하자는 데에도 가까스로 동의가 이루어졌다. 2도가 별 대수롭지 않게 여겨질 수도 있지만 실제로 과거 지구의 평균 기온이 약 6도 정도 낮았을 때 빙하기에 접어들었다는 것을 생각하면 그냥 지나쳐 버릴 수 있는 숫자는 결코 아니다. 염려스러운 것은 이를 위한 실천 방안조차 실행이 그리 쉽지 않다는 것이다. 해결 방안의 핵심에 자리 잡고 있는 탄산가스 사용을 줄이기가 실로 어려우며, 이는 바로 에너지의 생산량을 줄이는 것과 직결되어 있기 때문이다.

8 다양한 새로운 발전 방법

바람을 이용한 발전도 오늘날 널리 활용되고 있는 전력 생산 방법이다. 연안의 좀 더 안정된 바람을 이용하는 발전은 특히 유럽에서 많이 시도되고 있다. 바람이 만들어 내는 파도 역시 발전 가능성이 높아 연구 대상이 되고 있다. 달과 태양의 인력이 만들어 내는 조석 현상도 예외가 아니다. 밀물 때 들어오는 바닷물을 가두어 수차를 만든 후 썰물 때 이 물을 내보내면서 전기를 만들 수 있다. 조류가 충분히 빠른 곳에서는 조류를 직접 이용해 터빈을 돌려 전기 에너지를 만들어 낼 수도 있다. 수심에 따른 온도 차를 이용하여 전기를 만드는 방

아름다운 지구, 몇 가지 큰 질문들

법도 널리 시도되고 있는 발전 방법이다. 또한 이제는 태양 에너지를 직접 전기 에너지로 변환하는 태양광 발전도 꽤 진전이 이루어지고 있다.

원자핵의 에너지를 이용하는 방법도 논의의 대상이다. 여러 원자들을 원자 번호순으로 배열해 보면 원자 번호 26인 철 부근에서 가장 안정하다. 이런 사실은 작은 핵들을 융합시키거나 혹은 큰 핵을 작은 핵들로 분열시킴으로써 질량 결손에 의한 에너지를 얻을 수 있음을 알려 준다. 수소가 융합해서 헬륨이 되는 핵융합 에너지는 바로 우리 태양이 열을 내는 에너지원이다. 그런데 이런 핵융합이 가능한 것은 1000만 도라는 태양 내부의 극단적 환경 때문이다. 이런 극한 조건을 일정한 설비 내에 인위적으로 만들고 안정하게 유지시켜야 하는 핵융합 발전이 엄청난 도전임을 쉽게 이해할 수 있다. 핵분열에 의한 에너지의 위력이 인류에게 처음으로 확인된 것은 불행하게도 원자 폭탄을 통해서이다. 이런 엄청난 에너지를 적절히 조절하여 우리에게 필요한 만큼씩 사용할 수 있도록 한 것이 바로 원자력 발전이다. 우리나라도 전력의 3분의 1 이상을 원자력 발전에 의존하고 있다. 앞서 프랑스를 예로 들었던 것처럼 원자력 발전은 전 세계 여러 곳에서 꽤 많이 활용되는 발전 방법이다.

그러나 최근의 일본 후쿠시마 대지진을 계기로 원자력 발전을 과연 계속해야 할 것인가 하는 문제에 대해서 많은 이야기가 진행되고 있다. 이런 질문에 대해서 정답은 존재하지 않는다. 이 문제는 옳고 그름의 문제가 아니며, 단지 오늘날 우리가 택할 수 있는 최선은 무엇인지 하는 논의를 할 수 있는 것이다. 원자력 발전은 안전이 보장되기만 하면 단위 면적당 가장 많은 에너지를 저렴한 값으로 생산할 수 있는 발전 방법이다. 이것이 바로 원자력 발전이 세계적으로 널리 이용되고 있는 이유이다. 그러나 최근에 들어와 원자력 발전의 단가가 서서히 높아지고 있고, 앞으로 과학이 더욱 발전하여 예를 들어 태양광 에너지의 생산 단가가 매우 낮아지면 이런 발전 방법이 최선이 될 수도 있을 것이다.

5 아름다운 지구를 우리 후손들에게

우리는 앞서 전력 생산이 탄산가스 배출 원인 중 3분의 1을 차지하며 이에 대한 여러 대책을 살펴보았다. 그런데 나머지 3분의 2는 어떤 경로를 통해 배출될까?

1 3분의 1은 인간 활동의 책임

그 반인 3분의 1은 산업 활동, 그리고 사회의 제반 기반 시설을 통해서 방출된다. 현재 산업체에서 탄산가스의 배출을 줄이려고 노력하고 있으며 공공 부문에서도 청정 에너지 체계를 도입하는 등 탄산가스 배출을 줄이려는 노력을 경주하고 있다. 그런데 아직도 남은 3분의 1이 있다. 이 부분은 바로 지극히 작아 보이는 우리 개개인의 생활로 인하여 배출되는 부분이다. 오늘날의 지구 온난화 책임의 약 3분의 1은 우리 하루하루의 생활 활동에 있는 것이다.

오늘날 우리는 에너지를 이용하면서 놀랍게 발전된 사회에 살고 있다. 그런데 바로 이런 생활을 누리는 동안 지구 온난화라는 원하지 않는 부산물을 만들어 내고 있다. 실은 오늘날의 지구 온난화 문제를 해결할 수 있는 획기적인 방법이 있을 듯해 보이기도 하다. 만약 어느 날 70억 명의 우리 인류가 다 결심을 하고 에너지를 별로 필요로 하지 않는 원시 시대로 돌아가면 될 것이다. 그렇지만 이런 일은 일어날 수가 없다는 것이 어쩔 수 없는 우리의 현실이다.

2 이를 어쩌나?

노벨상 위원회는 2007년 지구 온난화 문제와 관련해 노벨 평화상을 수여하기 이전 이미 1995년에 오존층의 화학을 규명한 세 명의 과학자에게 노벨 화학상을 수여하여 지구 환경 문제의 심각성을 알린 바가 있다. 이 수상자 중 한 사람이며 앞서 오늘날 우리가 사는 시대를 '인류세'로 규정했던 크루첸 교수는 최근의 급변하는 지구의 환경 문제에 대처하는 우리의 자세에 대하여 다음과 같이 조언하고 있다.

"지구라는 이름의 우주호에 탑승한 시민들로서 우리가 꼭 취해야 할 행동은 어떤 것일까? 모든 것을 포괄하는 하나의 지침이 가장 적절하리라. 즉 오늘날 행성 지구에 살고 있는 인류가 자신들의 이익을 위해 지구가 가지고 있는 자원을 개발할 때는 가능한 모든 방법을 동원하여 우리 행성에 부수적으로 가해지는 스트레스를 최소화하는 노력을 동시에 강구해야 한다는 것이다. 사실 그것이 우리가 가지고 있는 유일한 길이기도 하다."

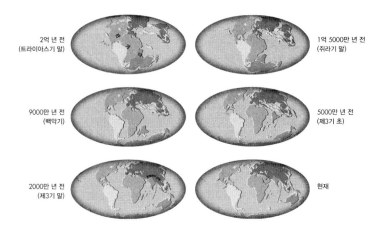

2억 년 전 (트라이아스기 말)	1억 5000만 년 전 (쥐라기 말)
9000만 년 전 (백악기)	5000만 년 전 (제3기 초)
2000만 년 전 (제3기 말)	현재

그림 4-20 판 구조론은 지질학적으로 아주 최근에 와서야 지구의 겉모습이 오늘날 우리가 보는 아름다운 모습을 갖게 되었음을 보여 준다.
출처   「지구 시스템의 이해」 제5판(박학사, 2009)

3 아름다운 지구를 우리 후손들에게

우리는 앞에서 138억 년 전 탄생하여 긴 시간에 걸쳐 진화해 온 우주에서 46억 년 전 탄생한 우리 지구가 참 아름답다는 것으로 지구의 이야기를 시작했다. 그런데 과학자들에게 지구를 새로이 볼 수 있는 눈을 제공한 판 구조론에 의하면 우리 지구의 모습은 끊임없이 변해 왔다. 오늘날 우리가 발을 딛고 살고 있는 대륙들은 46억 년의 지구 나이로 보면 약 95퍼센트가 지난 약 2억 5000만 년 전에 이르러서야 거대 대륙의 모습으로 지구 상에 나타났으며, 이런 거대 대륙이 쪼개지기 시작하여 약 300만 년 전에 이르러서야 우리에게 익숙한 오늘날의 모습을 갖추었다. 그리고 이렇게 아름다운 모습의 살기 좋은 지구 환경이 만들어진 바로 지금에 와서 우리가 지구 상에 살 수 있게

아름다운 지구, 몇 가지 큰 질문들

되었음을 살펴보았다.

　우리는 또한 우리가 물려받은 이런 아름다운 지구 환경을 우리 후손들에게도 물려주어야 할 책임이 있다. 단 하나뿐인 우리 삶의 터전인 지구의 아름다운 환경이 우리 후손들에게까지 지속될 수 있도록 에너지 절약을 실천하는 생활에 더욱 힘을 기울여야 할 시기임이 분명하다. 이것이 바로 가장 아끼는 우리의 후손들을 위해서 우리 모두가 할 수 있는 유일한 길인 것 같다.

두 문화의
합류를 위하여

학문의 경계와 융합

김상환

서울대학교 철학과 교수

1 서론 ── 융합 연구의 문제들

> 부채꼴의 인간 …… 원시인은 혼자서 엽사, 공예가, 건축사, 의사를
> 겸했다. …… 현대인은 그중 하나를 선택한다. 미래는 전적인 인간을 요
> 구한다.
>
> ── 이상[1]

1930년대의 모더니즘을 대표하는 김해경(1910∼1937)이 자신의
필명을 '이상'으로 한 데는 어떤 이유가 있었다. 그는 왜 자신의 이름
으로 상자라는 뜻의 상(箱) 자를 골랐는가? 그것은 각자의 직업에 붙
들려 왜소화되어 가는 근대적 인간에 대한 풍자였다. 상자 속에 갇힌
인간, 그것을 이상은 '부채꼴의 인간'이라 부르기도 했다. 부채꼴의
인간이란 부분적 인간을 말한다. 전문성을 얻는 대신 전인성(全人性)
을 상실한다는 것이 근대적 인간의 운명이다. 이것은 근대적 학문의
운명이기도 하다.

문제의 제기　근대적 학문은 분과 학문이고, 분과 학문은 사고를
가두는 상자와 같다. 상자 안에 갇힌 학자는 삶의 세계와 분리되는 동
시에 다른 상자 속의 학자와 고립된다. 근대적 학자의 사고는 부채꼴

　　　　　　　　두 문화의 합류를 위하여

이다. 오늘날 도처에서 융합 학문의 필요성에 대한 목소리가 높아지는 것은 근대적 분화 및 전문화의 논리가 드리우는 짙은 그늘을 생각할 때 자연스러운 일이다. 융합 연구는 부채꼴 사유의 한계를 타파하자는 데에서부터 시작되었다. 그러나 융합 연구가 제도적 안정성을 획득하기까지는 아직도 무수한 시행착오와 실험을 통과해야 할 것이다. 그리고 이런 과정에서 피할 수 없는 것 중의 하나가 융합 연구의 역사-인식론적 배경에 대한 성찰이다.

가령 오늘날 융합 연구가 일반화될 수밖에 없는 역사적 필연성이 있다면, 그것은 어디서 비롯되는가? 융합 연구가 시대를 이끌어 가는 주도적인 흐름으로 발전해 가는 배경에는 어떤 인식론적 지각 변동이 자리하고 있는가? 게다가 현대의 융합 연구는 근대의 통합 학문의 이념과 어떻게 다른가? 융합 연구와 맞물려 일어나는 인식론 및 존재론적 지각 변동은 어느 범위에까지 미칠 것인가? 그러나 무엇보다 융합적 사유란 무엇인가? 융합적 사유가 성립하기 위한 일차적 조건은 어디에 있는가? 이런 것들이 우리가 오늘 여기서 다룰 문제이되, 이런 문제들은 인문학과 자연과학 사이의 합류 가능성이라는 문맥 안에서 검토될 것이다.

주지하는 바와 같이 인문학과 자연과학 사이의 합류 문제는 C. P. 스노에 의해 지식 사회의 중요한 의제로 부각되었다. 스노의 유명한 강연 「두 문화와 과학 혁명」(1953)은 인문학과 자연과학 사이의 문화적 단절이 초래할 중대한 사회적 손실과 역사적 퇴행의 가능성을 경고했다.[2] 그럼에도 인문적 문화와 과학직 문화 사이의 상호 몰이해와 불신은 크게 개선될 조짐이 보이지 않는다. 가령 한때 세인의 주목을 끌었던 앨런 소칼의 문제작 『지적 사기』(1996)[3]는 두 문화 사이의 반목이 여전히 심각하다는 사실을 예증하는 사례다.

이 책은 당대를 주름잡던 포스트모더니즘이 과학을 오용하고 있다는 사실을 비판하여 유명해졌다. 하지만 이 책이 비판의 표적으로 겨냥한 것은 포스트모더니즘만이 아니라 과학에 대한 인문학적 접근(콰인, 포퍼, 쿤, 라투르 등의 과학사, 과학철학, 과학사회학) 일반이었다. 이 책은 과학자와 과학철학자들 사이에 '과학 전쟁'을 촉발했는데, 이는 단발성 사건이라기보다 오래전부터 누적된 두 그룹 사이의 불화가 분출하는 계기에 불과했다. 소칼의 책 전후로도 과학의 본성이나 과학적 지식의 위상을 둘러싼 두 문화의 대립이 지속되고 있는 것인데, 다행히 소칼이 초래한 과학 전쟁은 '과학 평화'에 대한 구호로 이어지기도 했다. 과학적 문화와 인문적 문화가 서로에 대해 가지고 있는 불신과 편견을 깨는 계기로 전환된 것이다.[4]

'두 문화'의 이중 의미　최근 우리나라에서 인문학과 자연과학 사이의 융합을 거론하게 된 배경에는 또 하나의 요인이 자리하고 있다. 그것은 윌슨의 『통섭』(1998)[5]이다. 이 책이 외국에서와는 달리 유독 국내 독서계에 과잉 반응을 불러일으킨 이유는 '통섭'이라는 번역어가 야기한 착시 현상에 있을 것이다. 통섭이란 말은 원효의 원융(圓融)이나 화쟁(和諍)이란 말처럼 학문 간의 평등하고 상생적인 참여를 의미하는 듯한 인상을 준다.(최종덕 교수의 지적) 가장 높은 수준의 창조와 오묘한 조화를 말하고 있는 것처럼 들리지만, 정작 저자가 의도한 것은 자연과학에서부터 인문-사회과학을 거쳐 예술에 이르는 온갖 지식을 생물학을 중심으로 통일한다는 무차별적 환원주의의 이상이었다. 이런 착시 현상이 깨지면서 윌슨의 저작은 최근 새로운 종류의 "지적 사기"라는 혹평까지 듣게 되었다.[6]

우리는 여기서 과학적 문화와 인문적 문화 사이에 아직도 전쟁이 계속되고 있음을 실감한다. 그렇다면 이토록 해소되기 어려운 두 문화 사이의 반목은 어디서 시작되는가? 그 반목이 시작되는 최후의 뿌리는 무엇인가? 이것이 우리가 공략할 가장 중요한 문제인데, 결론부터 이야기하자면 그 뿌리는 언어의 차이에서 자라나고 있다. 우리는 앞으로 과학적 문화의 언어를 로고스(logos)로, 인문적 문화의 언어를 뮈토스(mythos)로 각각 지칭할 것이다. 그리고 이 두 언어가 자명성을 산출하는 방식, 근거를 만들고 납득의 힘을 유발하는 방식이 어떻게 다른지 점검할 것이다. 그리고 마지막으로 양자가 함께 엮일 수 있는 화쟁의 방식을 생각해 볼 것이다.

그렇다면 인문학과 자연과학, 뮈토스와 로고스의 결합에서 우리가 기대할 수 있는 궁극의 효과는 무엇인가? 그것은 보통 전인(全人)적 사유의 회복으로, 나아가 과학적 문화와 인문적 문화의 화해로, 그리고 이에 기초한 창의적 잠재력의 확충 등으로 언급되고 있다. 그러나 우리는 더 먼 곳을 내다보겠다. 그것은 동양적 문화와 서양적 문화의 화해 가능성이다. 이런 문제 설정은 인문적 문화와 과학적 문화를 나누는 심연이 동서의 문화를 나누는 심연과 겹쳐 있다는 생각에 기초한다. 우리는 산업화 시대의 대변자였던 C. P. 스노의 두 문화론이 세계화 시대의 동아시아인에게는 동서 문화의 교차와 수렴이라는 문제로 발전해 갈 수밖에 없음을 알게 될 것이다.

융합의 유형 그럼 시작을 위하여 최근의 융합 연구의 상황부터 개괄해 보자. 오늘날 융합 담론은 탈근대 담론을 뒤엎을 정도로 위세를 더해 가고 있다. 그런 만큼 가짓수도 많고 다양한 형태를 띠고 있는 것이 현대의 융합 담론이다. 어디에서는 첨단 기술의 응용과 상품의 개발을 위해서, 어디에서는 까다롭고 복잡한 정책 과제의 해결을 위해서 융합의 목소리가 커지고 있다. 그런가 하면 어디에서는 고갈되어 가는 연구 자원의 개발을 위하여, 어디에서는 가공할 연산의 도구(컴퓨터)와 확장된 모델링의 가능성 덕분에 융합 연구가 진행되고 있다. 이렇게 천차만별인 융합 연구는 일정한 좌표에 따라 유형화해 볼 수 있는데, 우리가 생각하는 좌표는 세로축과 가로축으로 이루어져 있다. 여기서 세로축은 융합의 수준을, 가로축은 융합의 강도를 나타낸다. 다양한 형태의 융합 연구는 수준과 강도라는 두 가지 축에 따라 다음과 같이 분류해 볼 수 있다.

먼저 융합 연구는 '다학제(multidisciplinary) 연구', '학제 간(inter-disciplinary) 연구', '초학제(transdisciplinary) 연구' 등으로 대별해 볼 수 있다. 이것은 각 분야들이 서로 만나는 강도에 따른 분류라 할 수 있다. 융합에 참여하는 학문들이 단순히 물리적인 결합에 그치느냐, 아니면 화학적인 결합에까지 이르느냐에 따라 융합의 유형이 서로 달라진다. 즉 다학제 연구는 느슨한 형태의 학문적 결합을, 초학제 연구는 제3의 지식 개념과 방법론으로 나아가는 융합을 가리킨다. 그리고 그 중간의 학제 간 연구는 상호 침투와 변형의 단계에 있는 융합 연구다.

다른 한편 우리는 수직적 구도에서도 융합 연구의 유형을 구별할 수 있다. 근대적 학문의 초석을 놓은 데카르트는 학문 전체를 한 그루

두 문화의 합류를 위하여

의 나무에 비유했다. 그 비유에 따르면, 나무의 뿌리에 해당하는 것이 형이상학일 때, 줄기는 자연과학에, 가지들은 응용과학과 기술에 해당한다.[7] 융합 연구는 실용성의 열매가 열리는 응용과학이나 기술의 차원에서, 혹은 사회적 문제의 해결을 위한 정책 개발의 차원에서 이루어질 수 있다. 반면 줄기와 같은 기초과학의 수준에서 다학제 연구나 학제 간 연구의 형식을 취할 수도 있다.[8]

그런데 어떤 형식을 취하든 융합 연구는 횡적인 연대로 그치는 것이 아니다. 수평적 연대는 수직적 하강의 역량에 의존한다. 학문의 나무에서 가지 차원의 소통이 일어나기 위해서는 줄기 차원으로, 줄기 수준의 융합을 위해서는 뿌리까지 내려갔다 다시 올라와야 한다. 요즘 융합은 주로 첨단 기술 분야에서 왕성하게 진행되고 있다. 줄기 부분에서, 생물학과 물리학 같은 순수 이론 분야에서도 계속 진행되어 오고 있다. 하지만 한 수준에서 결합이 제대로 일어나기 위해서는 그보다 한 단계 아래로 내려가야 한다. 수평적인 연대의 가능 조건은 하강에 있다.

철학이 융합에 기여할 수 있는 이유는 이렇게 횡적인 통합의 조건이 하강에 있기 때문이다. 융합의 강도는 학문적 분화 이전의 수준으로 깊이 내려간 만큼 커질 수 있다. 따라서 초학제 연구의 마지막 방법론적 비밀은 하강의 기술에 있다 해도 과언이 아닐 것이다.(이 글에서는 오로지 철학적 수준의 하강을 전제하는 융합 연구에 국한하여 초학제 연구라는 용어를 사용할 것이다.) 그렇다면 초학제 연구에서 우리는 어디까지 하강해야 하는가? 이미 언급했던 것처럼, 현재의 융합 담론이 성립하는 인식론적 지형 아래로, 나아가 그 지형에 굴곡을 가져오는 두 판(로고스와 뮈토스)의 자리까지 하강해야 할 것이다.

인문-자연학 합류의 사례　한국고등과학원(KIAS)은 2012년 5월 초학제 연구 프로그램을 설치하고, 그 일환으로 패러다임-독립연구 단을 출범시켰다. 나 자신이 연구 책임자를 맡게 된 이 연구단은 국 내 순수이론과학을 선도한다는 고등과학원의 설립 취지에 부합하여 가급적 기초적이고 초보적인 수준에서 융합 연구의 길을 개척한다는 과제를 설정했다.[9] 이런 과제를 위해 우리는 인문학과 자연과학이 분 리되기 이전으로, 나아가 동양적 사유와 서양적 사유가 분화되기 이 전으로까지 거슬러 올라간다는 자못 원대한 계획을 구상했다. 동서 의 사유 패러다임이 서로 교차, 충돌, 순화되는 기회를 실험하여 새로 운 보편성의 유형을 모색한다는 것이 고등과학원 초학제 패러다임- 독립연구단의 연구 형식이다. 반면 우리는 산만해지기 쉬운 연구 내 용을 분류, 상상, 창조로 집약했다. 그리고 이 세 가지 범주를 매년의 초학제 연구를 이끌어 갈 선도 주제로 삼았다.

　이 글은 이런 실험적인 초학제 연구의 경험을 배경한다. 가장 중 요한 논점은 인문학과 자연과학의 괴리를 정확히 파악하고, 그것을 다시 다른 종류의 균열과 이어 놓는 대목에 있을 것이다. 결론부터 말 하자면, 인문학과 자연과학 사이의 괴리는 한편으로는 현대 자연과 학 안에서 진화생물학이 가져온 균열과 겹친다. 다른 한편으로 그것 은 동서의 사유 패러다임을 가르는 심연과 중복된다. 이 세 가지 균 열은 로고스와 뮈토스의 대립, 논증과 서사의 대립에서 온다는 점에 서 서로 일치한다. 로고스와 뮈토스의 대립을 어떻게 넘어설 것인가 라는 물음은 아마 융합 담론의 범위를 넘어서 현대 철학 자체가 봉착한 마지막 문제에 해당할 것이다. 로고스와 뮈토스, 논증과 서사, 혹은 논리와 직관을 통합하는 벡터 선은 정신적 성숙의 마지막 단계를 표시할 뿐만 아니라 창의적 사고의 비밀 자체를 가리킨다.

2 근대 통합 과학에서 현대 융합 연구로
── 존재론적 지형의 변화

융합 담론은 어제 오늘의 일만은 아닐 것이다. 동서를 막론하고 고대부터 인간은 세상의 모든 지식이 하나로 통한다는 막연한 믿음을 가지고 있었다. 보편지(sapience universalia), 원융(圓融), 일이관지(一以貫之), 보편학(mathesis universalis) 등과 같은 오래된 단어가 그런 믿음을 오늘까지 전달하고 있다. 엄밀한 이론의 차원에서도 통합 학문의 꿈은 플라톤으로까지 거슬러 올라간다. 플라톤은 대수, 기하, 천문학 등의 수리과학 일반이 수렴되는 마지막 원천(善의 이데아)을 가리켰다. 그리고 그 원천에서부터 분과 학문의 원리들이 도출될 가능성을 암시했다.[10]

서양 사상사에는 이런 종류의 믿음이 반복해서 등장한다. 그 이유는 이론적 지식의 속성 자체에 찾아야 할 것이다. 이론적 탐구는 대상을 특정한 총체성 안에 위치시킬 때 완료된다. 이론적 대상은 어떤 모델(체계) 안에서 규정될 때 비로소 최종적인 의미(기능, 가치, 몫)을 획득한다. 따라서 이론적 탐구를 끌고 가는 본능적 충동이 있다면, 그 충동은 결국 최대의 통합성에 대한 열망으로 뒤바뀐다. 이론과학은 자기 자신 안에 이미 자기를 초과하는 과학, 총체적 범위의 메타과학에 대한 충동을 지니고 있다.

융합의 외적 조건　물론 현재의 융합 연구가 이론적 탐구에 고유한 충동에 의해서만 주도되는 것은 결코 아닐 것이다. 학문 내적 요인보다는 오히려 학문 외적 요인이 오늘날의 융합 연구에 더 크게 작용하고 있는지 모른다. 사실 역사는 냉전 시대를 넘어 세계화 시대로, 세계화 시대를 넘어 우주화 시대로 나아가고 있다. 이런 이행은 자기 자신의 가능성을 가속적으로 극대화해 가는 두 가지 보편성, 다시 말해서 화폐의 보편성과 테크놀로지의 보편성에 힘입어 일어나고 있다.

이 시대에 이르러 화폐-테크놀로지의 보편성은 과학적 보편성을 능가하게 되었다. 이때 능가한다는 것은 과학적 진리보다 더 참되고 그 어떤 도덕적 이념보다 상위에 있다는 것이 아니다. 그것은 다만 훨씬 더 창의적인 능력을 발휘하고 있음을 말한다. 인종, 문화, 이데올로기, 계급, 국가, 지리, 제도 등의 차원에서 인간적인 삶을 구획하던 거의 모든 종류의 경계와 구별의 논리가 자본과 테크놀로지의 자기 진화의 논리 앞에서 끊임없이 다시 그려지고 있다.

사실 융합이라는 말 자체가 테크놀로지의 차원에서 가장 먼저 사용되기 시작했다. 2001년 12월 미국 과학재단과 상무부가 함께 작성한 융합 기술(convergent technology)에 관한 정책 문서가 중요한 시발점이라 할 수 있다. 이 문서에 따르면, 융합 기술은 나노 기술(NT), 생명공학 기술(BT), 정보 기술(IT), 인지과학(CS) 등 4대 분야(NBIC)를 상호 결합하는 의도로 정의된다.[11] 이런 융합 기술, 특히 정보 기술을 핵심으로 하는 융합 기술은 산업 분야에 새로운 차원을 열어 놓았다.

　　　　　　　　　　　　　　두 문화의 합류를 위하여

가령 전화, 인터넷, 사진기, 녹음기 등 기존의 다양한 제품이 하나의 휴대 장치 안에 결합되면서 일어나는 스마트 혁명이 대표적 사례다.

과학과 비-과학의 경계도 점점 더 기술적 환경에 의해 결정되는 것처럼 보인다. 오늘날 과학적 연구 주제의 선택, 인적 및 물적 자원의 배치가 과학의 자율적 진화의 논리에 따른다고 생각하는 사람은 없을 것이다. 그런 선택과 배치는 산업용 테크놀로지의 발전이나 경제적 수익에 기여하는 정도에 따라 결정되는 경우가 많다. 가령 환경 연구나 기후 변화, 생물 다양성 등에 대한 연구는 시장의 요구가 없다는 이유로 점차 연구비 배정 순위가 밀려나고 있다. 이는 열대 지방의 전염성 풍토병에 대한 연구보다는 선진국에서 발병률이 높은 암이나 심장 질환 관련 연구에 지원이 몰리는 것과 같다.[12]

두 단계의 과학 혁명　테크놀로지는 분명 이론과학을 바탕으로 일어설 수 있었다. 하지만 지금은 이론과학 자체가 테크놀로지의 자기 극대화 논리에 예속되어 가고 있는 실정이다. 이때 극대화란 번역과 이동의 극대화다. 압축과 융합은 그런 자본과 테크놀로지의 본질적 요구에 속한다. 효율성의 제고라는 기치 아래 이질적인 요소, 단위, 코드, 문법, 기능, 가치를 서로 번역, 통합, 압축, 융합하면서 자본과 테크놀로지는 날마다 새로운 보편의 가능성을 연출하고 있다. 현대 과학은 이런 환경 속에서 새로운 도약의 계기를 얻게 되었다.

17세기의 과학 혁명은 수학을 자연 해석의 도구로 끌어들이는 언어 혁명의 성격을 띠었다. 기존의 자연 언어를 대신하여 수학이라는 인공 언어가 과학의 언어 자체로 자리 잡으면서 근대 과학이 탄생했다. 반면 20세기 이후의 과학은 정교한 기술적 장치에 힘입은 지각

혁명에 의해 새로운 도약의 국면을 맞이하고 있다. 오늘날 과학적 실험과 관찰은 첨단 테크놀로지에 의해 무한히 확장된 지각과 기억, 가공할 제어와 연산의 가능성에 기초한다. 현대적 의미의 과학적 경험은 언제나 기계적으로 매개된 경험이다. 그렇기 때문에 갈수록 이론적 가능성은 기술적 가능성과 분리하여 생각할 수 없는 상황이다.

사실 자연과학 쪽에서 진행되는 다양한 학제적 연구의 배후에는 컴퓨터라는 놀라운 계산 장치가 있다. 컴퓨터를 이용하여 과학자는 생리학적 과정이나 심리학적 과정을 물리-화학적 과정과 같이 모형화할 수 있게 되었다. 생명, 물질, 정신, 기계라는 이질적 영역에 속하는 현상들이 하나의 모델 속에 통합적으로 계산, 통제, 조작될 수 있게 되었다. 컴퓨터의 연산 및 재현 능력에 힘입어 태어난 대표적 학문이 인지과학이다. 인지과학은 융합 학문의 대표적 사례인데, 여기에는 신경과학, 인공 지능 같은 과학 기술, 그리고 철학, 심리학, 언어학, 인류학 같은 인문사회과학이 함께 참여하고 있다.

수학이 일상어를 대신하여 과학의 보편적 언어로 부상하면서 일어난 17세기의 과학 혁명은 플라톤의 통합 학문의 이념이 되살아나는 계기가 되었다. 모든 과학이 수학이라는 단일한 언어를 사용하므로, 모든 진리가 단일한 체계 안에서 연역적으로 재구성될 수 있으리라는 믿음이 싹튼 것이다. 반면 오늘날 기존의 학문적 경계를 무너뜨리면서 융합 연구의 흐름을 가속화시키고 있는 것은 컴퓨터를 위시한 거대한 기계적 장치들이다. 그렇다면 현대의 융합 연구는 과거의 통합 학문의 이념과 어떤 관계에 있는가? 융합 연구는 플라톤에서 내려오는 통합 학문의 이념의 부활이라 할 수 있는가?

근대적 통합 학문의 이념　통합 학문의 꿈은 근대의 여명기(17세기 전후)를 열어 놓은 주요 철학자들에게 공통적으로 나타났다. 베이컨, 홉스, 흄 등과 같은 경험론자도, 데카르트, 스피노자, 라이프니츠 등과 같은 합리론자도 모든 학문이 단일한 전체를 이룬다고 생각했다. 이런 생각은 칸트 이후 더욱 강화되어 독일 관념론의 시대(19세기 초)에 이르러 철학은 거대 체계의 구축과 동의어가 되었다. 물론 이들 철학자마다 통합 학문을 떠받치는 원리, 방법, 주제 등에 대하여 서로 다른 의견을 개진했음이 사실이다. 그럼에도 불구하고 이들이 하나의 공통된 흐름에 동참하고 있다는 것은 분명한 사실이다. 그리고 그 흐름의 단초는 중세의 학문을 지배했던 아리스토텔레스의 세계관과 대비할 때 분명히 드러난다.

아리스토텔레스가 바라보는 세계는 위계를 이루는 다양한 종(genus)들로 이루어져 있다. 이 종들은 질적인 편차가 크기 때문에 각각의 부류마다 서로 다른 인식 원리, 서로 다른 탐구 방법을 요구한다. 그러므로 아리스토텔레스의 전통에서는 모든 분과 학문이 단일한 연역적 증명의 체계를 이룬다는 플라톤적인 생각은 배제된다. 17세기의 철학자들이 통합 학문의 이상을 추구할 때 넘어서야 했던 일차적 장벽은 여기에 있다. 대상이 달라지면 원리도, 방법도 마찬가지로 달라져야 한다는 전제. 이 전제가 깨지지 않는다면 근대적 학문관은 발생, 진화할 수 없었다.

데카르트의 철학사적 의미는 이런 아리스토텔레스의 전제를 해체하는 데 있어 가장 중요하고 결정적인 역할을 감당했다는 데 있다. 데카르트는 자연에 존재하던 다양한 유(genus)들을 연장이라는 단일한 유(類)로 수렴했다. 정신과 물질의 실재적 구별을 증명하여 물리적 사물(연장)에서 모든 심리-정신적 요소를 제거했다. 이로써 자연은 무한한 수학적 해석과 조작이 가능한 순수 양적인 세계로 설정된다. 따라서 자연 현상을 다루는 각각의 학문은 대상을 달리한다 해도, 대상에 접근하는 방법에서는 서로 일치할 수 있게 된다.

데카르트의 통합 학문에 대한 꿈은 이런 방법론적 통일성에 믿음에 근거한다. "모든 학문은 사슬처럼 연결되어 있다. 어떠한 학문도 각자 자기에서 비롯되는 다른 학문들 없이, 그래서 상호 연쇄적인 전체를 동시에 고려하지 않는다면 완전하게 파악될 수 없다."[13] 이런 데카르트의 언명은 유들 사이의 자유로운 연역적 이행이나 방법론적 통합을 방해하던 존재론적 전제가 무너졌을 때만 성립할 수 있다. 종류를 막론하고 동일한 방법이 무차별하게 적용되기 위해서는 겉으로 드러난 종차(種差)는 가상으로 전락해야 한다. 자연 전체가 존재론적으로 등질적인 공간으로 설정되어야 한다. 그리고 연역적 이행을 가로막던 모든 높낮이의 존재론적 등고선이 지워져야 한다. 데카르트는 물리적 사물 일반을 연장으로 정의하여 그런 요구에 부응했다.

체계의 두 축　우리는 여기서 사물의 체계에서 그것의 형태를 규정하는 두 축을, 그리고 그 두 축 사이의 반비례 관계를 지적할 수 있다. 체계는 의미론적인 축과 통사적인 축으로 구성된다. 사물은 이 두 축이 만드는 좌표의 한 지점에 놓일 때 체계 속에 기입될 수 있다. 데카르트는 통사적인 측면에서 최대한의 엄밀성과 최대 범위의 외연을 갖춘 체계를 구상했다. 그러나 데카르트의 환상적인 연역 체계는 사물의 의미론적 중량이 최소화된다는 조건에서 가능하다.

이해를 돕기 위해서 가령 수학적 언어와 시적인 언어를 비교해 보자. 시적인 언어에 편입될 때 사물은 의미론적으로 두터워진다. 은유적인 연락망 속에서 회신되는 다양한 의미화 가능성을 지니게 되는 반면, 통사적인 이행에서는 안정성을 잃어버린다. 사물 사이의 관계는 논리적 연결보다는 단절과 비약이 두드러진다. 수학적 언어는 이와 반대의 상황을 연출한다. 여기서는 통사적 연결이나 구별은 대단히 정확하고 엄밀한 반면, 기호의 의미론적 함축은 제로(무의미)로 수렴된다.

근대 통합 과학의 이념은 사실 수학이 자연 언어를 대신하여 자연과학의 언어로 도입되면서 자연스럽게 싹튼 씨앗이다. 자연은 오로지 수학의 언어로만 해석해야 한다는 믿음이 일반화되자마자 영원의 상하에서 모든 지식의 상호 연관성을 바라보는 이상적 관점이 설정되었다. 학문의 역사는 이상적이고 메타적인 관점에 도달하는 과정으로 이해되었다. 문제는 그런 이상적이고 메타적인 관점에서는 사물의 종적 차이나 개체적 차이가 무시된다는 점이다. 개체의 의미론적 두께나 존재론적 무게가 참을 수 없이 가벼워지는 것이다.

우리가 여기서 주목해야 하는 것은 근대적 통합 학문의 이념이 학문 분화의 논리와 동전의 양면처럼 맞물려 있다는 점이다. 학문을 세분할수록 효율적이라는 생각의 배후에는 모든 학문적 탐구의 대상이 결국 유사하고, 따라서 그것에 접근하는 물음의 형식도 또한 동일하다는 전제가 깔려 있다. 존재론적 차원에서 등질적이므로 연구 대상은 아무리 나누어도 질적인 차이를 유발하지 않을 것이다. 아무리 분리, 고립시켜도 원리, 방법, 내용, 목적은 어디에서나 유사할 것이다. 연구의 결과는 다른 분야의 성취와 연결될 것이다. 따라서 세분할수록 좋을 것이다. 학문 분화는 연구 범위를 분담하여 공통의 목적을 실현하는 효율적 분업 체계를 구축하는 과정과 같을 것이다. 이런 것이 근대 학문의 전문화 과정을 배후에서 지원한 낙관적 믿음이다.

아리스토텔레스적 상황　오늘날 융합 연구의 필요성이 대두한 이유는 이런 낙관적 신념이 흔들리고 있다는 사실과 무관치 않다. 우리는 이런 동요의 원천에서 사물의 의미론적 저항 혹은 존재론적 반란을 찾을 수 있다. 사물의 저항과 반란. 그것은 학문 분화의 진화 과정 안에서 누적된 내재적 장애물, 말하자면 자업자득(自業自得)에 해당한다. 즉 각각의 분과 학문이 주변을 돌아보지 않고 자율적 탐구의 길을 멀리 끌고 간 이후 주변을 둘러보았을 때 처음에 예상치 못하던 현상이 벌어졌다. 원리도, 방법도, 내용도, 그리고 목적마저 각기 달라져 서로에게 이방인처럼 나타나게 되었다.

좀 더 과장하자면, 분과 학문들이 각기 구축한 이론들은 통사법과 의미론이 달라진 나머지 서로 소통할 수 없는 방언으로 전락한 셈이다. 바벨탑의 붕괴에 비유할 수 있는 이런 사태는 유사 아리스토텔레스적인 상황의 부활이라 할 수 있다. 각각의 분과 학문이 발견하거나 고안한 대상들이 하나의 논리로 꿸 수 없는 종차(種差)를 지니게 되었고, 분야마다 통약 불가능한 이념과 방법을 좇게 되었다. 과거와 달리 분화의 길을 되밟아도 결코 원래의 출발점으로 수렴되지 않았다. 분과 학문의 대상들은 하나의 문법으로 환원할 수 없는, 저마다 고유한 의미론적 내면성을 주장하게 되었다. 이 점에서 우리는 그것을 사물의 존재론적 반란이라 부를 수 있다.

최근의 융합 연구는 분과 학문의 내재적 진화의 논리가 부딪힌 이런 존재론적 반란을 진압하고 근대 여명기에 태어난 통합 학문의 이념으로 돌아가려는 노력과는 전혀 무관하다. 오히려 반대로 분과 학문의 자율성을 존중하면서, 이론적 영역 각각에 고유한 의미론적 중력을 훼손하지 않으면서 영역 간의 이동과 번역, 혹은 공명의 가능성을 추구한다는 것이 현대적 초학제 연구의 기본적 이념일 것이다. 이런 관점에서 보면 윌슨이 내세운 통섭(consilience)은 현대적 초학제 연구의 이념을 가리키는 사례라기보다 근대적 통합 학문의 이념이 부활하는 사례임을 알 수 있다.

체계의 시대　이런 점은 체계 개념의 역사와 맞물려 이해할 필요가 있다. 엄밀한 의미의 체계가 철학의 주요 주제로 부상한 것은 자연학과 수학의 결합을 통해 그 모양을 갖추기 시작한 근대 과학의 패러다임 안에서다. 하이데거는 이 점을 다음과 같이 설명한다. "지식 체계의 가능성 그리고 …… 체계에의 의지는 근대의 본질적인 표지에 속한다. 역사상 이 시대 이전에서 체계의 역사를 찾으려는 것은 체계의 개념에 대한 어떤 극단적인 의미의 몰이해나 오해에서 비롯한다."[14]

이 말에 따르면, 데카르트 이전의 서양 사상사에서는 결코 엄밀한 의미의 체계를 찾을 수 없다. 가령 토마스 아퀴나스의 『신학 대전(*Summa Theologia*)』 같은 것은 체계가 아니라 지식의 거대 집적에 불과하다. 철학이 체계에 대한 의지로서 전개된 것은 오로지 데카르트에서 독일 관념론에 이르는 시기에 그친다. 이 시기에 만개한 체계의 역사는 다음과 같이 최소 3단계의 진화 과정을 밟는다.[15]

(1) 17세기 합리론: 수학이 학문적 지식의 모델로 승격하는 단계.

이 단계에서 학문적 지식의 기준은 확실성(명석판명)에, 확실성의 범위는 그것을 정당화하는 근거들의 연쇄에 있다. 이런 전환은 어떤 방법론적 혁명에 의해 일어났다. 모든 종류의 대상에 무차별하게 적용될 수 있는 방법, 혹은 그런 일반화 가능한 방법에 기초한 어떤 보편학(mathesis universalis). 이런 것을 모색하는 과정에서 철학은 체계에의 의지를 드러내기 시작했다.

(2) 칸트의 선험 철학: 철학적 이성이 수학적 오성과 구별되어 인간적 사유(이론, 실천, 심미적 사유) 전체가 체계적으로 구성될 가능성이 자각되는 시대. 칸트에 의해 일어나는 이런 전환의 핵심은 인식의 원리와 체계의 원리, 오성과 이성을 구분하는 데 있다. 이런 구분에 따라 독단적 형이상학의 원리이던 신, 우주, 영혼은 지식을 구성하는 개념의 지위에서 물러나 개념적 인식을 규제하는 체계 구성의 원리(이념)가 된다.

(3) 독일 관념론: 오성적 인식을 규정하는 이분법, 가령 주체와 객체, 유한과 무한, 자유와 필연 등의 이분법을 넘어서는 절대자의 체계(자유의 체계)가 추구되는 단계. 그것은 개체의 자유와 전체의 자기 합목적성이 조화를 이루는 체계다. 독일 관념론은 이런 절대자의 체계에 대한 관심에서 탄생하고 완성된다. 이런 전환의 핵심은 칸트가 구별했던 인식의 원리와 체계의 원리를 하나로 통합하는 데 있고, 이를 위해 인식의 각 단계를 체계(절대자)의 역사적 자기 분화 및 구조화 단계로 간주하는 데 있다.

어떻게 자유의 체계가 가능한가라는 물음의 주위를 맴도는 독일 관념론에서 체계의 가능성은 철학의 가능성 자체를 결정하는 최고의 문제로 승격된다. 반면 헤겔 이후, 특히 니체에게서 체계에의 의지는 쇠락과 퇴행의 지표로, 허무주의 지표로 낙인찍힌다. "나는 체계주의자들을 모두 불신하며 피한다. 체계를 세우려는 의지는 성실성이 결여되어 있다."[16] 이렇게 선언하는 니체 이후 철학은 일견 체계의 포기나 반-체계의 의지로서 조정되는 듯한 형국이다. 하지만 정확히 말하자면, 니체 이후의 체계는 그 중심에 근거(Grund)를 대신하여 심연(Ab-grund)이 자리하는 체계다. 심연을 중심으로 구조화된 체계에서 사물의 관계를 조형하는 것은 인과율이나 충족 이유율이 아니라 유희(Spiel)다.[17] 현대적 체계 개념의 뿌리는 여기에 있다.

이성의 건축술　　이런 체계의 역사에서 칸트는 체계에의 의지를 가장 분명히 언명한다는 점에서 주목할 만하다. 칸트는 이렇게 말한다. "인간의 이성은 본성상 건축학적이다. 다시 말해서 이성은 모든 인식을 하나의 가능한 체계에 속하는 것으로 간주하고, 따라서 눈앞의 지식을 어떤 체계 안에서 다른 지식과 결합하는 것을 적어도 불가능하게 만들지 않는 그런 원리만을 허용한다."[18] 그러므로 건축은 어떤 은유적 표현이 아니라 이성의 본성을 있는 그대로 보여 주는 고유한 표현이다.

칸트는 이성에 내재하는 "체계의 기술"을 "이성의 건축술"이라 불렀다.(B 860) 건축술이 이성의 본성 자체에 속한다면, 이성이 산출하는 원리는 체계 부합적인 성격을 지닐 수밖에 없다. "따라서 이성의 건축학적 관심은 …… 정립의 주장을 본성적으로 옹호하도록 되어 있다."(B 503) 이성은 집짓기의 본능을 지니기 때문에 체계가 어떤 반대 논변에 의해 이율배반에 빠질 경우, 그런 논리적 곤경을 초래하는 반-정립의 명제를 거부하는 자연적인 경향을 보여 준다. 이성은 체계가 불가능해 보일 때 그것을 사유 자체의 불가능성, 따라서 이성 자체 혹은 철학 자체의 불가능성으로 규정한다.

이성은 이런 건축학적 본능 때문에 위험에 빠지기도 한다. 그 위험은 맹목적인 체계 구성의 충동에 사로잡히기 쉽다는 데 있다. 이성은 "가능한 경험이라는 협소한 경계를 넘어 자기를 확장하고 싶은 성벽"(B 739)을 종종 보여 준다. 자신의 능력을 초과하는 높이를 향해 체계를 쌓아 올리는 것이 이성의 "운명"(A 1)이다. 성서의 바벨탑 사건은 이성의 맹목적인 체계 구성의 충동을 표현하는 상징적 서사라 할 수 있다.(B 735) 과거의 독단적 형이상학은 바벨탑 사건에서 모습을 드러냈던 이성의 건축술적 충동을 예시한다. 이런 점을 간파한 계몽주의자들은 체계를 철학의 진보를 가로막는 장애물로 보았다.[19] 반면 칸트는 체계의 건축을 이성의 본능으로 간주할 뿐만 아니라 이성이 성취해야 할 어떤 필수적인 과제로 여긴다. 이는 체계야말로 학문의 과학성을 담보하는 조건 자체라는 생각 때문이다.

> 왜냐하면 체계적 통일성은 보통의 앎을 비로소 학(學)이 되도록 만들어 주는 것, 즉 한갓된 지식들의 집합을 하나의 체계로 만들어 주는 것이기 때문이다. 그래서 이성의 건축술은 우리의 인식 일반에서 과학적인 것에 대한 이론이며, 따라서 그것은 필연적으로 방법론에 속한다.(B 860)

이 구절이 말하는 것은 학문과 체계 사이의 상호 규정성이다. 학문의 가능성은 체계 안에서만 처음 태어나고 보존될 수 있다. 그런 한에서 학문이란 언제나 체계화된 지식을 의미한다.

현대적 체계 이미지 20세기 후반 현대 유럽 철학의 혁명적 전환
의 발판이 된 구조주의는 이런 칸트적 체계 개념의 부활에 해당한다.
철학은 독일 낭만주의 시대를 통과하면서 역사적 현실을 자유의 체
계에 담고자 했다. 반면 구조주의 시대를 통과하는 철학은 근대적인
체계 이미지와 작별하고 탈-근대적 체계 이미지를 구축하기 시작했
다. 탈-근대적 체계의 특징은 비-유기적 총체성이자 부분들 사이에
서 부분들과 공존하는 총체성이라는 데 있다. 다-중심적이고 열려 있
다는 의미에서, 나아가 심연을 중심으로 구조화된다는 의미에서 현
대의 체계는 비-유기적이다. 그리고 그것을 구성하거나 생산하는 부
분들이 그 체계의 바깥에서 독자적인 진화의 논리를 따르거나 다른
종류의 체계에서 유래한다는 점에서 현대의 총체성은 부분들과 동열
에 있다.[20]

근대적 통합 학문의 이념과 현대의 융합 연구의 차이는 양자가
각기 전제하는 체계의 이미지로 돌아가 설명할 수 있다. 먼저 통합 학
문의 이념이 전제하는 체계는 수목(樹木) 형태다. 학문 전체를 한 그
루의 나무에 견주는 데카르트의 비유에서 학문의 각 부분들은 유기
적 전체를 이루고, 그 유기적 전체는 동일한 방법적 이행의 절차와 동
일한 이항 대립의 논리에 따라 구성되는 위계적 질서다. 반면 융합 연
구가 전제하는 체계의 이미지는 리좀(rhizome) 형태다. 뿌리가 줄기나
가지 혹은 열매로 뒤바뀔 수 있어서 상하의 위계도, 좌우의 대칭도,
단위의 통일성도 없이 기괴한 모습으로 왕성하게 뻗어 가는 근경(根
莖) 식물. 그것이 분과 학문의 자율적 진화의 여정 뒤에 도달한 현대

적인 지식 체계의 실상이다.[21] 근경 형태의 체계에 어떤 중심이 있다면 여럿이 있고, 여럿의 중심은 다시 끊임없이 자리를 바꾸거나 수시로 이합 집산한다.

3 과학적 개념에서 횡단적 도식으로
── 현대적 지식 개념 전후

이런 기괴한 체계 이미지는 마치 빛의 속도로 팽창해 가는 듯한 현대 지식의 세계에 비추어 볼 때는 오히려 단순해 보일 지경이다. 오늘날 과학의 세계는 "은하계의 크기"로 커졌다. 과학적 정보가 기하급수적으로 증가해 가는 양상은 유기적으로 조직화된 아름다운 체계를 구하는 사람에게는 절망을 준다. "데이터 은하계가 창조되면서 이론으로 축소, 정리하기에는 너무나 풍부하면서도 복잡한 과학으로 우리가 들어섰기 때문일 것이다. 과학이 우리가 알기에는 너무 커졌기 때문에, 안다는 것의 의미에 대하여 과거와는 다른 생각들을 수용해야 한다."[22] 가령 생물학이 발전하면서 외견상 단순해 보이는 세포조차 인간이 모두 알 수 없을 정도로 엄청나게 복잡하고 가변적인 체계로 나타나고 있는 실정이다.

통섭에서 합류로 우리는 여기서 초학제 연구가 부딪힐 수밖에 없는 난점이 무엇인지 쉽게 알 수 있다. 그것은 무엇보다 이론적 탐구 일반이 전제하는 방법론적 안정성을 확보하기 어렵다는 데 있다. 기존의 통합 학문의 이념은 적어도 네 가지 측면에서 안정성의 기초를

두 문화의 합류를 위하여

확보할 수 있었다. 원리, 방법, 대상(주제), 목적이 그것이다. 그러나 현대의 초학제 연구는 모든 지식을 정초하거나 연역할 수 있는 최후의 원리 같은 것을 전제하지 않는다. 탐구의 영역 전체가 어떤 공통의 방법론적 규칙을 공유한다는 신념도 초학제 연구와는 거리가 멀다.

오히려 초학제 연구의 존재 이유는 서로 다른 학문들 사이의 거리, 원리나 방법이 다르게 때문에 결코 제거할 수 없는 거리에 있다. 서로 다른 주제와 목적을 향하는 학문들 사이에 자연적으로 발생하는 심연을 횡단하는 것. 그것이 초학제 연구의 과제다. 그런 과제를 위해 어떤 방법론적 규칙을 고안한다 해도, 그 규칙은 상황과 문맥에 따라 매번 달라져야 할 것이다. 횡단해야 할 거리, 취해야 할 방향과 목적, 유지해야 할 수준과 범위를 일반화할 수 없는 것이 초학제 연구다. 초학제 연구를 지속적이고 체계적으로 뒷받침할 인적 연결망이나 제도적 환경을 구축하기 어려운 이유도 여기에 있을 것이다.

이런 이유에서 초학제 연구는 융합(convergence)이란 말보다는 합류(confluence)라는 말로 대신하는 것이 좋을 것이다. 합류는 말 그대로 서로 다른 지류들이 모여 서로 섞이고 영향을 미치면서 함께 흐른다는 것을 뜻한다. 서로 섞이고 영향을 미치는 정도는 물론 다양할 수 있다. 경우에 따라서는 합류하던 흐름들이 원래의 분류(分流) 형태로 돌아가거나 새로운 지류를 만들며 독자적인 분화(分化)의 길을 낼 수 있어야 하기 때문이다. 초학제 연구가 인문학과 자연과학과 같이 언어와 제도적 환경이 완전히 다른 분야 사이에서 일어날 때, 나아가 동양적 사유와 서양적 사유처럼 패러다임 자체가 극도로 이질적일 경우의 협동 작업일 때는 합류라는 말이 융합이라는 말보다는 훨씬 더 적절한 표현임이 틀림없다.

초학제 연구를 합류로서 표상할 때 분명히 드러나는 것은 상황과 독립하여 미래의 탐구를 선험적으로 규정할 수 있는 방법론적 규칙이나 원리를 설정할 수 없다는 점이다. 이런 점에서 초학제 연구는 이론지(理論知, episteme)의 영역에 속한다기보다는 차라리 실천지(實踐知, phronesis)의 영역에 가까울지 모른다. 문제와 상황 전개에 따라 새로운 공명의 가능성을 감지하고 그에 걸맞은 규칙과 행보를 고안해야 한다는 점에서 초학제 연구는 이론적 지혜에 더하여 장인적 지혜나 시적 지혜를 요구한다. 들뢰즈의 용어를 빌리자면, 초학제 연구는 정주민적 사유가 아니라 유목민적 사유를, 편집증적 사유가 아니라 분열증적 사유를 전제한다. 통합 과학의 이념에 불타는 연구자는 한번 입에 문 문제는 결코 놓지 않는 두더지가 되어야 한다. 반면 초학제 연구자는 조건과 환경이 달라질 때마다 유연하게 변신할 수 있는 여우가 되어야 한다.

지식 개념의 변화 통합 학문을 꿈꾸던 베이컨은 인간의 앎을 세 가지 인식 능력을 중심으로 삼분한 적이 있다. 기억(역사), 상상(시), 이성(철학)이 그것이다.[23] 베이컨은 이 세 영역이 귀납적 일반화의 세 절차나 등급에 해당한다고 보았다. 그러나 근대 문화의 분화 과정이 심화됨에 따라 세 영역은 점점 더 배타적인 관계로 빠져들었다. 학문 영역에서 이것은 지식 개념의 엄밀화(인식론적 문제 영역의 협소화) 과정과 궤를 같이하는 현상이다. 근대적인 의미의 지식은 회의 불가능할 정도로 확실한 원리에 기초하며, 그런 원리는 더 이상의 분석이나 해석이 불가능한, 그 자체로 자명한 직관의 대상이어야 한다.[24]

과거에 지식은 그런 명증한 원리에서 파생된 앎으로 국한되었다. 따라서 지식의 개념에서 많은 것이 배제되어야 했다. 먼저 비-언어적인 상징(도형, 도식, 표, 음악적 요소 등)이나 비-명제적 요소가, 다른 한편 평가적 판단이나 당위적 판단이 배제되어야 했다. 마지막으로 배제되는 것은 은유적 언어다. 지식은 직설적 화법의 가치 중립적인 사태 기술(記述)로, 이 기술은 다시 어떤 확실한 원리에 의해 정당화 가능한 명제로 제한되었다. 이런 지식 개념의 협소화는 학문적 경계의 고착화와 동전의 양면을 이룬다. 언젠가부터 분과 학문의 담장이 높아지고 학문적 경계를 넘는 것이 거의 금기시되기 시작해 그런 경향이 오늘에까지 주류를 이루고 있다. 이런 경향이 일반화된 것은 아마 과학적 지식의 성격이 너무 엄격하게 설정된 나머지 전문적 훈련과 장인적 숙련을 통해서만 성취될 수 있는 그 무엇으로 받아들여졌기 때문일 것이다. 우리는 다음과 같은 막스 베버의 말을 통해 이런 관련성을 짐작해 볼 수 있다.

그럼 학문을 직업으로 삼고자 하는 자가 오늘날 처하게 되는 내적 상황은 어떤 것일까요? 이 내적 상황을 규정하는 첫 번째 사실은 학문이 예전과는 비교할 수 없을 정도로 깊은 전문화의 단계에 들어갔으며, 또 이 과정은 앞으로도 계속 진행될 것이라는 점입니다. 오늘날 우리가 한 학문 영역에서 진실로 탁월한 것을 성취했다는 자신감을 가질 수 있는 유일한 경우는 매우 엄격한 전문화를 성취했을 경우뿐입니다. 인접 연구에 침범하는 모든 연구에는 …… 다음과 같은 체념적 의식이 깔려 있습니다. 즉 우리의 이런 영역 침범적 연구는 기껏해야 그 인접 영역의 전문가에게 그의 전문적 관점에서는 그렇게 쉽게 떠오르지 않는 유용한 문제 제기들을 제공해 줄 뿐이며, 우리 자신의 연구는 불가피하게 극도로 불완전한 상태에 있을 수밖에 없다는 체념 말입니다. 실제로 학자가 일생에 단 한 번만이라도 '이번에 내가 성취한 것은 그 가치가 오래 지속될 것이다.'라는 만족감을 느낄 수 있다면, 그것은 오로지 엄밀한 전문적 작업을 통해서 가능할 뿐입니다.[25]

학문적 지식을 제한하는 인식론적 경계가 엄밀할수록 학자의 학문적 활동을 제한하는 윤리적 금기의 선이 뚜렷해진다. 전공 심화의 길만이 고유한 과학적 성취를 가져올 수 있다는 믿음은 특정한 지식의 개념과 맞물려 있다. 하지만 콰인 이후의 영미 인식론에서 두드러지게 나타나는 것처럼, 현대 철학에서 기존의 지식 개념을 한정하던 제한의 선들이 점차 지워지고 있다. 현대 인식론은 언어적인 상징과 비-언어적인 상징, 규범 지시적인 명제와 사태 기술적인 명제, 즉자적 표현과 은유적 표현을 가르던 경계가 무너지는 곳에서 출발한다. 이에 따라 지식이라는 말을 대신하여 인지나 정보라는 말이 현대 인식론의 대상을 지칭하는 용어가 되었다. 게다가 괴델의 불완전성 정리나 하이젠베르크의 불확정성 원리 등에 영향을 받아 지식의 완전한 정초 가능성에 대한 관심이 약화되었다. 이것은 토마스 쿤 이후의 과학철학에서 더욱 두드러지는데, 보통 현대 과학철학이 도달한 특징은 다음과 같이 요약된다.[26]

• 이론과 관찰은 이분법적으로 나눌 수 없다. 관찰은 언제나 이론,

　　　　　　　　　　　　　　두 문화의 합류를 위하여

나아가 실험상의 기술적 조건에 의해 제약, 규정된다. 이론이나 실험과 독립된 순수 중성적인 관찰, 객관적 실재는 없다.

- 마음과 독립된 객관 세계의 궁극적 구조를 재현하는 단 하나의 참된 이론 같은 것은 없다. 경험적 실재는 언제나 복수의 이론적 해석으로 이어질 수 있다.(해석의 환원 불가능성)
- 전자, 유전자, 쿼크 같은 것도 이론적 문맥에서 벗어나 그 자체로 의미를 지니는 자기 충족적 대상이 아니다. 그 의미는 특정 이론 과 그것이 속한 특정 문화적 패러다임을 전제한다.
- 한 이론에서 다른 이론으로 전환이 일어날 때 지식은 누적되는 것이 아니라 대체된다. 모든 이론을 관통하면서 변하지 않는 관 찰명제의 의미나 내용은 없기 때문이다.
- 이론 간의 우열을 가릴 절대적 기준은 없다. 이론의 평가와 변화 는 객관적 논리에만 의존하는 것이 아니라 사회-역사적 환경에 속하는 복잡한 요인들에 의해서도 영향을 받는다.
- 발견의 맥락과 정당화의 맥락은 분명하게 나뉘지 않는다. 과학철 학은 과학을 정의하거나 정당화하는 문제보다는 과학이 역동적 으로 생성, 변화하는 과정에 초점을 맞추어야 한다.

융합과 횡단적 도식　과학적 지식을 엄밀하게 정의하던 경계선이 약화되어 간다는 이런 기본적 조건 아래에서 현대 인식론의 과제는 자연스럽게 서로 다른 유형의 정보 체계 사이를 번역하는 문제에 놓 이게 된다. 이제 문제는 하나의 체계를 위한 정초(foundation)에 있는 것이 아니라 복수의 체계 사이에서 번역(trans-lation)과 횡단(transverse)의 가능성을 끌어내는 데 있다. 이런 번역과 횡단의 과제가 단일 분과적 연구가 아니라 분과 횡단적(trans-disciplinary) 연구로 쉽게 이어질 수밖에 없다는 것은 두말할 필요가 없다.

체계 간 번역과 이동의 과제 앞에서 요구되는 것은 서로 다른 유형의 체계, 서로 다른 의미-통사적 모델 사이에서 유사성을 간파하는 능력, 상이한 사유 패러다임 사이에서 어떤 "은유적 도식"을 발견하는 능력이다. 가령 사회물리학이 두 도시의 경제적 물동량을 물리학의 만유인력 모형으로 설명한다든지, 분자생물학이 예증하는 것처럼 생물학적 현상과 물리-화학적 현상 사이의 은유적 도식을 파악하려는 노력 덕분에 다양한 과학적 성취가 이루어졌다. 그러나 애초부터 위대한 과학적 발견과 혁신은 이런 은유적 횡단의 산물이 아니었을까? 가령 조수 간만(潮水干滿)의 차이와 달의 운행 사이에서 어떤 인과 관계를 발견하기 위해서는 바다와 하늘이라는 전혀 이질적인 체계 사이를 건너야 한다. 대부분의 과학적 발견은 언제나 이렇게 상호 무관해 보이던 계열들 사이의 횡단을 통해 일어났다.

범주에서 과학적 개념으로 이 점을 좀 더 자세히 부연하기 전에 먼저 과학적 개념에 초점을 맞추어 보자. 인류학자 레비스트로스는 인류 역사의 결정적인 전환점을 신석기 시대의 도래에서 찾았다.[27] 이 시대에 인간은 농사, 동물 사육 등을 기반으로 정착 생활을 시작했는데, 이는 수천 년 동안 누적된 경험과 반성을 토대로 한 변화였다. 그러나 레비스트로스가 인류사의 그 어떤 혁명(문자 혁명, 과학 혁명, 산업 혁명 등)보다 신석기 시대의 도래를 높이 평가하는 이유는 토기의 제작과 사용에 있다. 토기의 사용은 인간이 비로소 사물을 체계적으로 분류하기 시작했음을, 비로소 합리적으로 생각하기 시작했음을 의미한다. 토기의 발명은 합리적 사유의 탄생과 같다. 합리적 사유의 핵심은 결국 분류에 있고, 인간은 사물과 시간을 문자에 담기 전에 그 릇에 담았다.

이런 관점에서 레비스트로스는 문명과 야만을 나누는 기준을 문 자의 유무(有無)에서 찾는 일반적인 시각을 거부했다. 그리고 "야생 적 사고"의 합리성에서 서구 문명의 과학적 합리성을 비판할 수 있는 가능성을 끌어내는 데까지 나아가고자 했다. 아리스토텔레스와 칸트 에게서 볼 수 있는 것처럼, 언어의 차원에서 분류는 범주로 귀결되고, 범주론은 서양 논리학의 근간에 속한다. 서양의 과학도 역시 특정한 범주적 사고에 기초한다는 것은 두말할 여지가 없다. 그런데 우리가 여기서 주의해야 할 것은 과학적 범주는 이러저러한 범주가 아니라 '특정한' 성격의 범주라는 점이다. 보통 범주는 특수한 개체들을 함 께 묶는 일반성의 단위, 최고 수준의 일반성의 단위를 가리킨다. 하지 만 일반성은 과학적 범주나 개념의 필수 조건이되 충분 조건은 아니 다. 외연이 넓은 개념, 위계가 높은 분류 단위라 해서 그대로 과학적 개념이 될 수는 없다. 그렇다면 이러저러한 범주나 개념이 과학적 개 념이 되기 위해 갖추어야 할 조건은 무엇인가?

(1) 정보의 잉여화   정보과학의 용어를 끌어들이자면, 대부분의 인지나 학습 과정은 낯선 현상을 익숙한 패턴으로 통합하는 절차, 다 시 말해서 "어떤 틀 안에 집어넣기(in-form-ation)"의 절차다. 이런 인 지적 절차 덕분에 일차적 자료(데이터)는 마치 그릇에 보존된 곡식 처럼 자유롭게 활용할 수 있는 잉여 정보(redundant information)가 된

다.[28] 날씨가 화창한 봄날 누군가(가령 이발사가) "드디어 봄이군요! 날씨가 정말 좋지요?"라고 인사하면, 그는 잉여 정보를 전달하고 있는 셈이다. 이런 대화는 쓸모없는 정보를 나누는 것처럼 보일 수도 있다. 그러나 모든 분류나 범주화는 이런 잉여화를 촉진하는 패턴의 수립에서 완료된다. 게다가 상상과 창조는 범주화가 일정한 잉여화의 수준에 도달한 뒤에야 비로소 성립할 수 있다. 우리는 이것을 다음과 같이 세 단계로 나누어 설명할 수 있다.

정보의 일차적 가치나 의미는 새로움이나 유용성에 있다. 범주를 통해 잉여화된다는 것은 새로움이나 유용성을 상실한다는 것이다. 개념화는 대상의 쪽에서 보면 차이와 독특성의 상실과 같다. 그러나 정보 수신자의 쪽에서 볼 때 정보는 그런 상실 덕분에 원래의 문맥에서 자유롭게 벗어날 수 있다. 정보가 특정한 틀이나 패턴에서 분리되어 그 자체로 대상화된다든지 다른 패턴 속에 다시 놓이게 되기 위해서는 잉여적 증폭이 계속 일어나야 한다. 정보가 잉여화된다는 것은 다른 관심과 목적을 위해 활용될 수 있는 위치에 놓인다는 것을 말한다. 앞에서 든 예에서 날씨의 정보는 친교의 목적에 활용되었다. 하지만 어떤 사람에게는 그림을 그리거나 시를 쓰는 목적에 활용될 수 있고, 어떤 사람에게는 순수 이론적 관심의 대상이 될 수 있다. 날씨가 좋다는 것은 무엇인가? 날씨를 좋게 만드는 이유나 조건은 어디에 있는가? 이런 물음에서 기상학이 시작되었다.

우리는 여기서 결국 과학이라는 것도, 나아가 한 시대의 문화라는 것도 정보의 잉여적 증폭에서 비롯된다는 것을 알 수 있다. 정보의 잉여화가 일어나지 않는다면 동물의 세계와 인간의 세계, 자연의 세

두 문화의 합류를 위하여

계와 역사의 세계가 나뉘지 않았을 것이다. 사실 사람이 사람인 것은 쓸데없는 말, 무의미한 말을 의미 있게 사용한다는 데 있다. 롤랑 바르트가 강조하는 것처럼 사랑의 말, 참된 사랑의 대화는 전혀 쓸모없고 무의미한 말의 교환이다.[29] 정보의 잉여화는 자연, 직접성, 유용성, 야생적 충동, 실정성 등에서 분리된 질서, 우리가 문화라 부르는 제2의 질서가 형성되기 위한 조건이다. 좀 더 정확히 말해서 그것은 과학을 포함한 온갖 문화적 성취의 배후에 있는 상상과 창조의 성립 조건에 해당한다.

(2) 과학적 개념의 탄생　그렇다면 과학적 상상과 창조는 어떻게 일어나는가? 다시 말해서 과학적 정보의 잉여화는 어떻게 성립하는가? 정보의 잉여화가 분류에서 시작된다면, 분류는 "X는 무엇인가?"라는 물음 아래 진행된다. 범주는 사물의 속성이나 본성에 대한 물음의 산물이다. 그러나 분류는 귀납주의자들이나 실증주의자들이 말하는 것처럼 무전제적이고 무작위적인 작업이 아니다. "X는 무엇인가?"라는 물음은 이미 어떤 분류의 기준이나 단위, 어떤 질서나 체계를 암묵적으로 전제한다. 이론적 사유는 분류가 전제하는 의미 정향과 구도에 대한 물음을 "X는 무엇인가?"라는 처음의 물음과 결합할 때 시작된다. 이때 덧붙여지는 것은 "X는 왜 그런가?"라는 물음과 "X는 어떻게 일어나가?"라는 물음이다.

사물의 본성이나 본질을 묻는 무엇의 물음은 일반성이나 보편성의 가치를 추구한다. 반면 왜의 물음은 사물의 이유, 원인, 근거로 향하고 사물을 어떤 필연성 안에서 이해하고자 한다. 그리고 어떻게의 물음은 사물이 일정한 전체 안에서 차지하는 위치, 기능, 가치로 향하고 결국 어떤 모델의 구성에 도달한다. 이론적 사유는 사물의 본성(무엇)에 대한 물음을 인접 사물들 사이의 인과적 필연성(왜)에 대한 물음으로, 인과적 필연성(왜)에 대한 물음을 어떤 주어진 전체 안의 기능(어떻게)에 대한 물음으로 변형한다. 이론적 사유가 분류를 조종하는 배후의 모델(체계나 구조)을 명시적으로 구축하는 단계에 이르는 것은 의미나 기능(어떻게)의 물음이 밝혀질 때, 혹은 이 물음을 밝히기 위한 노력이 있을 때다.

이런 관점에서 보면 분류에서 시작하는 이론적 사유는 모델 구성적 사유로서 완성됨을 알 수 있다. 무엇, 왜, 어떻게는 분류가 심화되는 문제 제기의 과정이다. 어떻게(기능이나 의미)의 물음을 해결하는 하나의 모델을 수립할 때 분류는 합리적 설명의 능력을 얻는다. 그때 분류는 과학적 이론이 된다. 우리는 그것을 또한 정보의 잉여화가 증폭되는 과정으로 볼 수 있다. 이론적 설명 모델 속에 통합될 때 사물은 이미 자연에 속하지 않는다. 사물은 자신이 원래 자리하던 직접적 사실의 문맥에서 벗어나 자유로운 조작(분석과 종합, 연산)과 비판적 문제 설정이 가능한 어떤 이념적 공간에서 다시 태어난다. 정보의 잉여화는 정보의 객체화, 정보의 이상화로 이어진다. 과학적 상상과 창조는 정보의 객체화나 이상화와 관련되어 있고, 종국에는 지각적 경험과는 전혀 무관한 순수 관념적 대상의 구성으로 나아간다.(벡터 공간, 파동 함수, 유전체 등)[30]

(3) 로고스와 뮈토스의 경쟁 연극은 무대 위에서 인간의 삶을 극적으로 장면화한다. 화가가 사물을 재현하는 장소는 캔버스이고 작곡가의 재현 무대는 오선지에 있다. 분류가 설명으로 거듭나기 위한

조건이 모델(구조/체계)의 구성에 있다면, 모델의 구성은 경험적 현실과 분리된 어떤 잉여의 평면을 전제한다. 정보의 잉여화는 마지막에 가서 잉여 평면의 창발로 이어진다. 이런 관점에서 보면 이론적 사유와 예술적 사유는 다르지 않다. 양자는 모두 어떤 잉여의 평면 위에 현실을 재현하는 모델이나 이상적 유형을 조형한다는 점에서 서로 일치한다.

그렇다면 이론적 사유와 예술적 사유는 어떻게 구별할 수 있는가? 그것은 무엇보다 설명과 표현의 차이에 있을 것이다. 예술은 설명할 수 없는 것을 표현하려 한다는 점에서 과학과는 완전히 다른 길을 걷는다. 이론적 설명과 증명의 토대는 개념에 있고, 이 점에서 이론의 생명은 개념을 창조하는 데 있다. 반면 예술의 과제는 더 이상 분석할 수 없는 느낌, 감동, 영감을 불러들이는 데 있다.

그렇기 때문에 이론적 재현과 예술적 표현이 각기 전제하는 잉여의 평면도 성격을 달리할 수밖에 없다. 편의상 양자를 각각 로고스(logos)의 공간과 뮈토스(mythos)의 공간이라 부르기로 하자. 로고스의 공간, 그것은 역사적 시간과 감정을 배제하는 이념적 공간이다. 반면 뮈토스의 공간은 생성과 소멸, 기억과 전승의 공간이다. 로고스의 공간이 논리적 분석과 증명의 공간이라면, 뮈토스의 공간은 다의적 상징으로 넘치는 역사적 서사의 공간이다.

서양에서 로고스의 공간을 대변하는 것은 플라톤주의이고, 뮈토스의 공간을 대변하는 것은 기독교 전통이다. 서양 사상사는 물과 기름처럼 이질적인 두 전통이 서로 경쟁하거나 화해하면서 끊임없이 영향을 주고받는 과정으로 재구성할 수 있다. 서양 근대 사상사에서 데카르트, 칸트, 헤겔은 로고스의 사유와 뮈토스의 사유가 화해하는 빛나는 지점에 해당한다. 하지만 서양사상사를 통틀어 두 전통이 하나의 공간에서 혼융되는 것은 오직 헤겔에서뿐이다. 이는 그만큼 두 전통이 이질적이고 배타적임을 말한다.

로고스와 뮈토스의 대립은 생물학에 역사성을 도입하는 진화론 이후의 현대 과학에서 다시 나타나고 있다. 다윈은 종(種)의 개념을 개체군(population)의 개념으로 대체했다. 여기서 고정불변의 범주로 간주되던 것은 이름뿐인 허구로 전락한다. 이제 실재하는 것은 저마다 독특하고 서로 다르게 변이하는 개체들의 분포뿐이다. 진화론은 이런 개체들의 분포가 자연 선택에 의해 다양하게 분화되는 과정을 설명한다. 그런데 자연 선택은 물리-화학적 법칙과는 달리 역사적 성격의 사건이고, 확률적 우연성의 논리에 따른다. 생물학적 분류는 논리적이고 위계적인 범주에 준거하는 것이 아니라 시간적 변이와 생성에 준한다. 생물학적 설명은 현상을 어떤 결정론적 법칙으로 환원하는 논리적 재구성이 아니라 새로운 분화의 발생에 초점을 맞추는 역사적 서사의 성격을 띠게 된다.

4 두 문화의 간극을 넘어 — 어떤 제3세계로

거시적인 구도에서 보면, 로고스와 뮈토스의 대립은 인문학과 자연과학의 대립으로 나타난다. 이보다 확장된 관점에서는 유사한 패턴의 차이가 동아시아적 사유와 서양적 사유 사이에서도 확인된다.

두 문화의 합류를 위하여

그러므로 로고스와 뮈토스의 대립은 도처에 자리하고 있음을 알 수 있다. 물리학과 생물학 사이, 플라톤주의와 기독교 사이, 인문학과 자연과학 사이, 나아가 동아시아적 사유와 서양적 사유 사이에서 유사한 대립이 반복되고 있다. 그렇다면 인문학 관련 초학제 연구가 건너야 할 최후의 거리가 있다면, 그것은 무엇보다 로고스와 뮈토스 사이에서 찾아야 할 것이 아닌가? 동양과 서양이 그 어느 때보다 긴밀한 상호 영향 관계에 놓인 세계화 시대에 철학이 마주친 궁극의 문제 또한 여기에 있는 것이 아닌가?

포퍼의 제3세계 이런 물음을 통해 우리가 강조하고 싶은 것은 동아시아의 학문에 대해서 '두 문화'는 인문적 문화와 과학적 문화로 그칠 수는 없다는 점이다. 동아시아의 학자에게 동서 문화의 거리를 횡단하는 문제는 인문적 문화와 과학적 문화의 단절을 극복하는 문제보다 훨씬 더 긴급하고 무거운 과제인지 모른다. 하지만 다행히 두 가지 문제는 서로 분리된 과제가 아니라 겹치는 과제임을 기뻐하자. 양자는 로고스와 뮈토스의 대립을 핵심으로 한다는 점에서 일치한다. 그러므로 지금부터는 동서 문화의 차이를 배경으로 로고스와 뮈토스의 대립에 접근해 보자.

동양과 서양의 차이. 이 복잡하고 통제하기 어려운 문제에 돌파구를 만들기 위해 일단 어떤 제3세계에서 출발해 보는 것도 좋은 방법일 것이다. 그렇다면 동양도 서양도 아닌, 그러나 동양과 서양의 가교가 될 수 있는 제3세계는 어떻게 설정해 볼 수 있는가? 현대 과학철학의 한 정점인 칼 포퍼에 따르면, 이론은 우리가 경험하는 세계에 존재하지 않는다. 이론이 위치하는 장소는 물리적 세계(세계1)도, 심리적 세계(세계2)도 아닌 제3의 세계에 있다.[31] 포퍼는 열린사회의 가장 큰 적으로 본질주의 진리관의 수호자 플라톤을 꼽는다. 그러나 이론이 탄생-진화해 가는 평면을(정확히 말해서 문제-가설-논증-이론이 자율적 진화의 논리에 따라 생성 소멸해 가는 "객관적인 정신의 세계"를) 경험의 세계와 분리시켜 제3의 장소에 설정할 때, 반-플라톤주의자 포퍼는 자기도 모르게 플라톤주의를 창조적으로 계승하고 있다.

사실 서양 사상사 전체를 조형화하는 데 있어 플라톤주의의 위력은 불변의 본질을 가리키는 데 있다기보다 경험적 세계를 총체적으로 재현하는 어떤 초월적 평면(이데아계(界))을 설정하는 데 있다. 플라톤의 이데아론에서 본질로서의 이데아가 갖는 의미는 과소평가될 수 없다. 그러나 그보다 훨씬 더 결정적인 플라톤의 독창성은 경험의 세계 바깥에 순수 이론적 관조(theoria)의 관점을 설정하는 두 세계 이론에 있다. 플라톤의 두 세계 이론은 이후 기독교의 두 세계 이론(신국(神國)과 인국(人國))과 맞물려 대중적으로 일반화되는 가운데 서양 정신의 근간을 이루게 된다. 서양적 사유 패러다임을 구조화하는 일차적 경향은 위상학적 이분화(topological bifurcation)에 있다. 서양의 과학은 현실의 평면과 독립된 잉여의 평면을 전제하는 플라톤-기독교주의 전통과 결코 배타적인 관계에 있는 것이 아니다. 과학 정신은 플라톤-기독교주의 전통 속에서 육성된 서양 정신의 일종이되, 서양성 자체를 탈피한 (말하자면 중성화된) 서양 정신이라 할 수 있다.(과학과 기술에는 국적이 없다.) 그것을 말해 주는 것이 데카르트의 XY축이자 포퍼의 제3세계다.

스피노자 문제 서양 사상사에서 스피노자가 차지하는 독특한 위

두 문화의 합류를 위하여

상은 자연을 단일 평면의 세계로 그렸다는 데 있다. 데카르트의 철학 위에 기독교 신학을 재정립하려 했던 신부 철학자 말브랑슈는 만년에 『기독교 철학자와 중국 철학자의 대화』(1708)라는 글을 남겼는데, 이 대화편에서 저자가 비판하는 중국 철학은 스피노자의 일원론적 내재주의를 염두에 둔 표현이다. 말브랑슈가 볼 때 스피노자의 사상은 왜 서양 사상이 아니라 중국 사상에 가까운 것인가? 그것은 창조론을 거부하기 때문이다. 스피노자는 자연을 자기 원인적인 실체, 다시 말해서 무한한 내생적 발생의 평면으로 간주했다. 이것은 창조론과 달리 자연의 바깥을 설정하지 않는다는 것이다.

창조론은 조물주와 피조물인 자연을 서로 다른 장소에 배치한다. 자연의 바깥에 자연보다 먼저 있는 장소, 자연 전체를 설계하거나 관조하는 장소, 신적인 관점의 위치를 전제한다. 반면 스피노자는 자연을 피조물(소산적 자연)인 동시에 창조자(능산적 자연)로 보았고, 능산적 자연을 자기 원인으로 정의하여 초월적 차원을 제거했다. 이런 점에서 스피노자의 철학은 천하(天下)의 바깥을 설정하지 않는 중국적 세계관과 상통한다. 동아시아 사유 패러다임의 특징은 우주를 단일 평면의 세계로 상정하는 순수 내재주의에 있다. 그렇기 때문에 말브랑슈가 스피노자의 철학을 중국 철학에 빗대어 비판한 것은 일견 그럴 듯하게 보인다.

사실 몇몇 철학사 연구자는 스피노자의 내재적 일원론에서 17세기 말 중국에 파견된 가톨릭 신부들을 통해 유럽으로 전파된 신유가 사상(주자의 성리학)의 영향을 읽어 내고자 했다.[32] 그러나 서양인의 눈에는 중국 사상의 한 유형으로 분류될 수 있다 해도, 동아시아인의 관점에서 보면 스피노자의 사상은 여전히 낯선 데가 많은 서양 사상의 한 유형으로 비친다. 무엇보다 스피노자 철학에서 두드러지게 나타나는 감성의 평가 절하, 기하학적 순서의 절대화, 역사적 시간의 소멸 같은 몇 가지 특징 때문일 것이다. 이런 특징은 뮈토스의 제거로 귀결된다. 스피노자는 서양 사상사에서 보기 드문 순수 내재주의의 사례이지만, 그것이 구축한 존재론적 일의성의 세계는 모든 감성적 상상과 역사적 시간이 가상으로 전락하는 순수 공시성의 평면, 로고스의 질서다. 이 점에서 스피노자의 세계는 동아시아인이 그리는 세계와 거리가 멀다. (여기서 다시 한 번 로고스의 체계는 통합 축 위주의 체계인 반면, 뮈토스의 체계는 의미 축이나 범례 축 위주의 체계임을 상기하자.)

동서 사유 패러다임의 차이 스피노자의 세계상과 동아시아인의 세계상. 두 세계상의 차이는 언어의 차이로 돌아가서 이해할 수 있을 것이다. 전문가들이 말하는 것처럼 중국에는 문법서가 드문 반면, (일종의 백과사전인) 유서(類書)가 풍부하다. 그리고 그 엄청난 양의 유서를 조직하는 분류 체계나 범주화 방식은 선험적인 원리가 아니라 경험적 사실에 기초한다.[33] 중국에는 이름에 관한 이론이나 단어의 어원 연구가 발달했다. 반면 인도-유럽 문명에서는 고대부터 발견되는 문법학을 중국에서는 찾아보기 어렵다. 이는 적어도 학문 분류 단위나 제도화된 형태의 논리학이 없다는 것과 같다. 이런 점을 어떻게 설명할 수 있는가?

중국에 문법서가 드문 이유는 중국어의 형식적 유연성에 있을 것이다. 중국어는 통사적 순서가 엄격한 언어가 아니다. 주어와 술어의 구분이 모호하고 시제의 표시가 없으며 동일한 단어가 위치에 따라

두 문화의 합류를 위하여

의미를 달리한다. 품사, 격, 시제와 의미를 결정하는 것은 말이 사용되는 상황과 문맥, 순서 등에 있다. 우리는 앞에서 임의의 체계를 규정하는 두 축, 다시 말해서 의미론적 축과 통사론적 축을 구별했다. 이런 기준에서 보면 중국어는 원천적으로 통사론적 구속력이 미약하되 의미론적 축이 분류의 논리를 선도하는 언어라는 인상을 준다.

문법학의 부재, 통사론적 법칙의 유연성은 이미 많은 것을 예견할 수 있는 출발점이 될 수 있다. 무엇보다 각각의 경험적 상황을 선험적으로 규정하는 독립된 범주 체계나 연역 체계를 생각한다는 것이 어렵게 될 것이다. 상황 초월적인 척도나 내용과 분리된 형식 논리를 확신하기 어렵게 되는데, 이는 서양적 로고스가 편집적으로 추구해 온 분석의 취미와 멀어지는 요인이 될 수 있다. 사실 최근의 문화 심리학은 동아시아인이 논리적으로 일관되지 않은 명제들도 서로 연결될 수 있다고 믿고, 따라서 서양인들과 달리 논리적 모순에 관대한 경향을 보여 준다는 사실을 보고했다.[34] (이런 차이는 역사에 대한 이해의 차이로 나타난다. 서양의 분석적 사고는 미래가 과거의 논리적 귀결이고, 따라서 과거의 추세가 미래로 계속 이어진다고 본다. 반면 동양의 종합적 사고는 시간을 선형적으로 표상하지 않고 순환적으로 표상하는데, 이는 시간에 과거와 반대 방향의 흐름이 개입하거나 과거에 없던 요소가 개입할 가능성을 고려하기 때문이다.)

하지만 중국어는 통사론적 측면의 취약성을 의미론적 측면에 보완, 해결하는 것처럼 보인다. 마치 시적인 언어에서처럼 중국어에 기입된 사물은 의미론적 중력이 불어나 다양한 연상의 구심점이 될 수 있다. 글자 자체가 이미 이미지, 소리, 뜻, 이야기의 복합체이기 때문이다. 서양적 기준에서 보면 한자는 글자라기보다 문장(紋章, emblem) 에 가깝다. 거기에는 이미 어떤 일화나 서사적 장면이 각인되어 있다.[35] 게다가 단어와 문장은 역사적 전통과 고전적 문헌의 세계 전체로 펼쳐진 광활한 은유적 연락망 속에 위치한다. 포퍼가 가리켰던 제 3세계를 동아시아의 사상사 전통에서 찾는다면, 그것은 정확히 말과 사물에 무거운 의미론적 중량을 부여하는 이 은유적 연락망에 있을 것이다.

중국적 제3세계　이미 언급했던 것처럼, 플라톤-기독교주의 전통의 세계상을 구조화하는 잉여의 지평은 경험적 현실 전체를 재현하는 어떤 초월적인 평면(이데아계, 신국, XY축 등)에 있다. 반면 동아시아의 학문적 세계상에서 지속적으로 확장되어 가는 잉여의 지평은 문헌의 세계에 있다. 그것은 과거의 문자와 책들이 어떤 묵시적인 대화 속에 서로를 참조하고 있는 상호 텍스트성의 질서다.[36]

이 상호 텍스트성의 질서가 제3세계로 불릴 수 있는 것은 그것이 어떤 증명이나 논증이 성립하는 지평이기 때문이다. 다만 여기서 논증은 최후의 이유를 향한 분석도, 어떤 원리에서 출발하는 연역도, 누적된 특수한 경험들에서 일반성을 끌어내는 귀납도 아니다. 논증은 과거로부터 전승되는 사례, 고전으로부터 인용된 우화를 보편적 범례로 끌어올리는 주석의 작업과 궤를 같이한다. 논증은 어떠한 종류의 추론이나 연역을 뒷받침하는 논리적 근거에 있는 것이 아니다. 근거는 주석을 통해 탁월한 범례의 위치로 고양되는 과거의 사례에 있다. 이 점을 어떤 서양의 학자는 이렇게 설명한다.

고대 중국의 철학 문헌에서 텍스트의 핵심을 구성하는 것은 사례 (Beispiel)에 있다. 사례는 논증을 확정하고 추상적 분석을 대체하기까지 한다. 추상적 분석을 대신하여 다양하고 상세한 주석이 들어선다. …… 끊임없이 특정한 상황을 제시하는 사례가 지배적인 위치에 있다는 사실에서 우리는 판례집에 근거하여 관습법에 따라 결정을 내리는 중국의 전형적인 판결문을 상기하게 된다. 이러한 사실에서 우리는 또한 다음과 같이 기대할 수 있다. 논변을 위한 글이 논리적 구성의 형식을 띠고 나타난다기보다는 일종의 사례 모음집(Fall-Sammlung)의 형태로 등장하고, 기껏해야 경구적인 잠언집의 형태로 문장화된다 해도 각각의 개별적인 사례-상황에 주의력이 집중된다. 사실 모두 그렇다. 이런 경향 때문에 인용문, 특히 경전에서 따온 인용문의 활용이 극히 선호되고 강력한 힘을 행사하게 되는데, 이때 경전은 기꺼이 축약된 형태나 단지 암시의 수준에서만 인용되곤 한다. 이런 주석의 실천을 통해 많은 경우 인용의 행위는 문학적 충동과 심미적 자극으로 넘치는 높은 수준의 문예적 유희로 거듭난다.[37]

우리는 이런 문장에 다음과 같이 세 단계의 주석을 붙일 수 있다.

(1) 범례와 역사적 선험성: 동아시아의 사유 패러다임에도 진리가 자율적으로 진화해 가는 것처럼 보이는 어떤 이념적 평면(포퍼가 말하는 "객관적 정신의 세계")이 있다. 그러나 그것은 본질이나 법칙으로 이루어진 어떤 선험적인 세계가 아니다. 그것은 끊임없이 다른 형태로 해석, 전승, 재탄생되기를 기다리는 범례들의 세계다. 우리는 그것을 역사적 선험성(historical *a priori*)의 세계라 부를 수 있다. 동아시

아의 정신문화를 구조화하는 잉여의 평면은 역사적 경험의 세계와 구별되는 초월적 장소를 가리키지 않는다. 그것은 역사적 경험의 세계 속에서 탄생과 소멸을 거듭하는 범례들의 상호 참조 체제로서 펼쳐진다. 동아시아에서 이념적 평면은 역사 속에 형성, 진화해 가는 세계 내재적 평면이다.

(2) 제3의 창조: 이런 내재성의 평면에서 새로움은 창조(creation)의 산물도, 발견(discovery)의 산물도 아니다. 창조는 무(無)에서 유(有)를 생산하는 것이다. 발견은 진리의 선재성, 진리의 선험적 고정성을 전제한다. 창조가 기독교의 유산이라면, 발견은 플라톤주의와 함께 가는 개념이다. 양자는 경험의 세계를 벗어나는 초월적 평면을 상정한다는 점에서 일치한다. 반면 내재성의 평면에서 새로움은 고안(invention)의 산물이다. 고안은 기존의 것에 다시 관계한다는 것, 다시 관계하여 변화시킨다는 것을 말한다.(온고지신, 법고창신의 정신) 그것은 과거에서부터 미래를, 미래에서부터 과거를 불러들이기(in-venire) 위해 현재에 구멍을 내는 작업이다. 이는 선험적이었던 것을 역사화하고 역사적이었던 것을 선험화하는 작업과 같다. 그러므로 여기에서는 어떤 것도 절대적으로 선험적이지 않고, 어떤 것도 절대적으로 경험적이지 않다. 동아시아의 사유 패러다임에서 사실과 개념은 동일한 평면에 공존한다.

(3) 서사와 논증: 앞에서 언급했던 것처럼, 이론적 의미에서 증명한다는 것은 어떤 재현 모델의 구성과 함께 간다. 모델을 구성하는 목적은 무엇(본성), 왜(원인), 어떻게(기능과 가치)의 물음을 동시에 설명하는 데 있다. 중국적 사유는 이상의 세 가지 물음에 대답하기 위해

두 문화의 합류를 위하여

역사적 선험성의 평면에서 모델을 세우되 범례의 고안을 통해 구축한다. 그렇다면 범례의 논증적인 힘은 어디서 오는가? 그것은 극적인 장면화에서 온다. 하나의 범례가 분석과 논증을 대신할 수 있는 것은 어떤 드라마를 내장하고 있기 때문이다. 그리고 이 점에서 중국적 사유가 전개되는 역사적 선험성의 평면은 뮈토스의 평면이라 부를 수 있다.

사실 동아시아의 사유 패러다임에서는 수학적 기호도 개별적인 사물들과 함께 뮈토스의 공간에 존재하는 것처럼 보인다. 수학적 기호는 내용과 분리된 순수 형식의 자격에서 존재하는 것이 아니다. 오히려 어떤 리듬이나 주기를 암시하면서, 어떤 존재론적 함축이나 도덕적 함축을 담은 이야기 안에서, 또는 어떤 원형적인 이미지나 도상(圖像)의 구성 요소로서 존재한다. 중국에서 수는 이미지와 분리되지 않는 상수(象數)였다.

동아시아의 분류 체계를 근본적으로 규정하는 『주역』의 8궤나 음양오행도 마찬가지다. 이런 것은 개별적인 사물을 구성하는 어떤 불변의 본질도, 공통의 성질도, 원자적인 입자도, 개별자를 원소로 거느리는 모집합도, 따라서 어떤 최고의 유(類)도 아니다.[38] 8궤나 음양오행은 서양의 범주나 개념과는 전적으로 달리 서로 다른 영역과 차원을 동시에 분절한다는 특징이 있다. 가령 8궤는 방위, 동물, 계절, 가족 관계, 성격 등 자연 만사와 인간 만사를 중첩적으로 분절한다. 음향오행도 방위, 색, 맛, 소리 등의 자연 만사와 도덕, 역사, 정치 등의 인간 만사를 동시에 분류, 조직하는 단위다. 영역을 불문하고 미시적인 것에서부터 거시적인 것에 이르기까지 세상만사가 동일한 기초 단위와 이 기초 단위들 사이에 설정된 기본 관계(상생, 상극 등의 관계)에 의해 분류, 조직된다.

이것의 당연한 귀결은 이 세상의 그 어떤 것도 고립된 모습으로 나타날 수 없다는 데 있다. 가령 동아시아의 의학 서적에서 인간의 신체를 이루는 모든 부분과 요소들은 천문과 지리, 방위와 계절, 날씨와 시간 등과 연계된다.³⁹ 하지만 동류(同類)로 묶기 어렵고, 따라서 불연속적 관계에 있는 것처럼 보이는 다양한 영역의 현상들을 하나로 결합하는 과정은 현대인의 관점에서는 혼란스러워 보인다.(이용주 교수의 지적) 가령 8궤 중 손(巽) 괘는 어떻게 바람이면서 동시에 닭, 팔뚝, 장녀, 동남쪽 등의 상징일 수 있는가? 이 점 역시 동아시아의 개념과 이론이 뮈토스의 공간에 존재한다는 점에서부터 설명해야 할 것이다.

은유적 도식 보통 이런 혼란을 피하기 위해 동아시아의 분류법을 유추, 상징, 은유적 직관 등에 기초한 분류법으로 설명하는 경우가 있다. 아주 틀린 이야기는 아닐 것이다. 그러나 이런 설명보다 먼저 해명되어야 하는 것이 있는바, 그것은 동아시아의 사유 패러다임이 단일의 평면을 특징으로 한다는 점이다. 게다가 이 단일의 평면이 역사적 선험성의 공간이자 뮈토스의 공간이라는 점을 다시 기억하자. 다양한 시나리오가 생성 소멸하는 이 뮈토스의 공간에서 개체들은 어떤 드라마적인 상황 속에 일정한 역할을 맡는 배우와 같다. 가족, 국가, 천하 등은 배우들이 주어진 대본에 따라 연기하는 무대에 해당한다. 『주역』의 64괘는 세상만사에서 성립할 수 있는 천 개의 무대, 천 개의 고원, 천 개의 드라마에 해당한다.

두 문화의 합류를 위하여

『주역』의 문장들이 암시하는 것처럼, 뮈토스의 평면에서 어떤 설명 모델을 구축한다는 것은 극적인 서사를 일으켜 세운다는 것이다. 그렇다면 극적인 서사의 탁월성은 어디에 있는가? 이것은 일차적으로 은유의 세 가지 기능과 더불어 생각해 볼 문제다. 먼저 은유의 기능은 서로 다른 범주를 횡단하여 접점을 만드는 데 있다. 가령 사람과 깃발 사이에서 어떤 유사성을 발견하여 "깃발은 소리 없는 아우성"이란 은유가 성립한다. 극적인 서사는 기존의 지식에 대해서는 도무지 무관해 보이는 계열들 사이를 횡단하여 그것들을 이어 놓는 접점을 만든다. 그리고 그 접점에 다양한 논리적 사건(연접, 이접, 통접)을 연출한다.

다른 한편 은유는 범주 횡단적인 기능만이 아니라 범주 상승적인 기능을 갖는다. 가령 개념(Begriff)이라는 추상적 용어는 손으로 움켜지는 행위(begreifen)가 은유적으로 전용되어 나온 말이다. 그리스어 영혼(psyche)은 원래 바람이었고, 우주(cosmos)는 원래 여자의 머리 장신구였다. 대부분의 추상적 용어는 이런 식의 은유적 이상화의 산물이다. 추상적 사유의 기원은 감성적인 것을 초-감성적 차원으로 옮겨 놓는 은유적 이상화에 있다. 탁월한 서사는 구체적인 사건을 범례의 위치로 끌어올리는 가운데 그 구성 요소들에 상징적 의미 작용의 힘을 부여한다. 이것은 은유가 지닌 마지막 세 번째 기능과 밀접한 관련이 있다.

그 세 번째 기능은 압축에 있다. 가령 "나를 키운 것은 8할이 바람이다."라는 문장에서 바람은 단순한 공기의 흐름만을 가리키지 않는다. 여기서 바람은 기체, 액체, 고체 등의 범주를 나누는 경계를 넘어 자연의 생명력과 관련된 모든 것을 자기 안에 압축하고 있다. 은유는 다양한 계열과 영역을 지나는 공명의 연락망을 형성하여 무수히 많은 것들을 회집한다. 은유 속에서 초-감성적 차원을 향한 범주 상승적 이상화가 일어나는 것은 은유가 이런 회집과 압축의 능력을 지니기 때문이다. 탁월한 이야기에는 이질적 영역에 속하는 인물이나 사건들이 단순한 줄거리 속에 압축되어 있다. 최소의 묘사로 광대한 시야를 열어 놓는 위대한 상징이 되는 것이다.

극적인 서사가 납득의 힘을 불러들이고 논증의 근거를 창출한다는 것은 중국적 상호 텍스트성의 세계에서만의 일이 아닐 것이다. 우리는 진화생물학도 어떤 경험적 근거에 기초한 학문이라기보다 어떤 이야기에 기초한 학문으로 간주할 수 있다. 사실 진화생물학을 떠받치는 논증 전체는 갈라파고스 군도의 핀치 새 이야기에 자명성의 원천을 두고 있는 것이 아닌가?

> 그래서 갈라파고스 군도에서 핀치 새의 부리가 섬에 따라 단계적인 변화를 보여 준다는 다윈의 설명은 (그 밖의 모든 다른 증거들과 더불어) 그의 이론이 추론되어 나올 어떤 전제로서 등장하는 것이 아니다. 그것은 오히려 현상 일반을 합리적으로 파악할 수 있도록 만들어 주는 도상에 대하여 그 힘을 예증하는 하나의 일화(an anecdote illustrative of the power of the icon to make the phenomena intelligible)로서 등장한다.[40]

어떤 이론이든 한정된 경험에서 획득한 설명의 힘을 미지의 영역으로 확장해 간다. 가령 갈라파고스 군도의 핀치 새에서 얻은 직관

두 문화의 합류를 위하여

은 미생물에서 인간에 이르는 모든 종류의 생명체에 대한 통찰로 발전한다. 이런 과정에서 절대적으로 필요한 것은 다양한 영역의 현상들을 하나로 묶어 주는 어떤 은유적 도식 혹은 계사적 도식이다. 그런 계사적 도식이나 아이콘이 없다면 하나의 영역에서 획득한 개념을 다양한 영역에 공통적으로 적용할 수 없다. 개념의 계열 횡단적 이행과 융합적 실험도 은유적 도식이 없다면 불가능하다.

문제는 그런 통합적 도식을 어떻게 산출하는가라는 물음에 있는데, 위의 인용문이 암시하는 것처럼 우리는 그것을 서사의 힘을 통해서만 설명할 수 있을지 모른다. 즉 탁월한 이야기일수록 복수의 계열을 순환하는 은유적 연락망을 구축하고, 그런 가운데 어떤 통합적 도식을 산출한다. 체계 횡단적 모험은 이야기가 빚어내는 그런 통합적 도식에 의존한다. 그러므로 우리는 융합적 사유의 조건이 그런 은유적 도식을 산출하는 이야기의 힘, 다시 말해서 뮈토스에 있다고 결론지을 수 있다.

5 결론 — 동아시아 인문학의 이중 과제

동아시아적 서사의 특징은 하나의 단순한 줄거리 속에서 여러 가지 대안이 교차하면서 서로 경쟁하게 만드는 유사 변증법적 역량에 있다. 사물의 설명 모델을 구성하기에 이르는 이런 유사 변증법적 극작(劇作)은 카오스의 기-입처럼 보인다. 동아시아의 사유 패러다임을 구성하는 뮈토스의 평면에서 개체는 자신이 예측하거나 통제할 수 없는 주변의 요소에 의해 언제든지 전복될 수 위치에 있다. 새옹지마(塞翁之馬)의 우화가 가리키는 것처럼, 상황은 언제든지 반전되고, 거기서 구축된 이야기는 거꾸로 이어질 수 있다. 동아시아적 서사는 언제 부상할지 모르는 이런 반전과 전복의 가능성에 대한 방어적 기록(이른바 '우환 의식')에서 비롯되었다.

로고스와 뮈토스의 얽힘　이런 관점에서 포퍼로 돌아가면, 그가 그리는 제3세계는 지식의 자율적 진화의 공간이되 대단히 안정된 세계다. 여기서 미래는 과거와 연속적이고 동일한 추세 속에 이어지는 것처럼 보인다. 사실 모순에 기초한 반증이 보편성 검사의 일반적 기준이 될 수 있는 것은 자연의 제일성(齊一性)이나 지속적 안정성을 전제할 때만 가능한 일이다. 왜냐하면 모순이 반증의 계기가 될 수 없는 환경을 얼마든지 상상할 수 있기 때문이다. 포퍼의 제3세계는 여전히 분석의 신화에 의해 지배되고 있다. 그럼에도 불구하고 우리는 여기서 동서의 사유 패러다임이 서로 교차하면서 어떤 벡터적인 도주선이 나타날 수 있을 가능성을 읽을 수 있다.

그것은 특히 포퍼의 제3세계에서 모든 이론이 문제의 해결을 위한 잠정적 허구로서 정의될 때, 그래서 이론과 신화의 차이가 소멸할 때 그렇다. 여기서 과학적 명제는 과거의 신화와 동일한 평면에서 경쟁하는 위치에 있다. 더 정확히 말하자면, 과학적 명제는 동일한 문제를 놓고 신화적 서사와 경쟁하여 그 우월성을 입증한 자리에 있다. 그러나 정반대의 시각도 불가능한 것은 아니다. 가령 리오타르의 관점에서 과학은 결코 이야기보다 우월한 지위에 있지 않다. 오히려 과학은 형이상학적 서사나 정치적 서사 같은 "큰 이야기(grands récits)"에 의존할 수밖에 없는데, 이는 과학 스스로 자신의 기초를 정당화할 수 없기 때문이다.

과학은 원래 이야기와 갈등 관계에 있다. 과학적 기준에서 볼 때 대부분의 이야기는 우화들로 간주된다. 그러나 과학이 유용한 규칙 적합성을 발언하는 것에 국한하지 않고 진리를 탐구하는 한에서, 과학은 자신의 게임의 규칙을 스스로 정당화해야 한다. 그래서 과학은 자기 고유의 위치를 넘어 철학이라 불리는 정당화 담론으로 나아간다.[41]

과학이 정당화의 근거를 외부에서 빌려와야 한다는 점은 17세기 초의 과학을 통해 쉽게 설명될 수 있다. 청년 데카르트는 갈릴레오의 종교 재판 소식을 전해 듣고 인쇄 중이던 『인간론』의 출간을 포기했다. 그리고 관용의 도시 암스테르담으로 은거하며 자신의 과학을 정당화할 새로운 형이상학을 구상하기 시작했다. 새로운 형이상학의 과제는 기계론으로 귀결되는 수리자연학과 서양의 인류을 떠받치는 기독교 사이에 모종의 화해를 이끌어 내는 데 있었다. 데카르트는 정신과 물질을 새롭게 정의하는 두 실체론을 통해 당대의 요구에 부응했다. 이런 데카르트식 형이상학적 담론이 없었다면 근대 과학은 생각만큼 커다란 성공을 거두기 어려웠을 것이다.

새로운 제3세계 이런 사례는 과학이 이야기보다 결코 우월한 체계가 아님을 말한다. 게다가 과학이 형이상학적 담론 같은 큰 이야기에 의존해야 겨우 자기 자신을 정당화할 수 있다는 것은 로고스와 뮈토스가 생각만큼 명쾌하게 분리될 수 있는 것이 아님을 암시한다. 리오타르는 근대의 큰 이야기를 거부하고 작은 이야기들이 공존하는 체계를 꿈꾸었다. 하나의 이념이나 문법으로 환원되지 않는 소규모의 국지적 담론들이 모였다 흩어지기를 반복하는 세계. 그런 세계는 로고스가 뮈토스로 환원된 세계라 할 수 있다. 여기서 진리 주장은 오로지 이야기로서 성립하고 이야기에 의해서만 정초될 수 있다.[42] 그러나 이것은 또 하나의 극단주의처럼 보인다. 로고스를 뮈토스로 환원하는 것은 뮈토스를 로고스로 환원하는 것 못지않게 선뜻 동의하기 어려운 주장이다.

우리 인간은 두 개의 눈으로 사물을 본다. 마찬가지로 인간은 두 종류의 시선으로 사물과 관계하는 것이 아닌가? 중세 철학자들은 지향성을 두 가지로 구별했다. 직-지향(intentio recta)과 사-지향(intentio obliqua)이 그것이다. 직-지향은 사물의 사실적 재현을, 반면 사-지향은 사물의 서사적 재현을 추구한다. 직-지향은 중립적 사실을, 반면 사-지향은 가치나 상징적 의미를 향한다. 직-지향은 분석적 취미가 강한 반면, 직-지향은 종합의 취향이 강하다. 직-지향은 논리적 정확성에 이르는 반면, 사-지향은 은유적 풍요성에 이른다. 직-지향은 과학적 사고를, 반면 사-지향은 인문적 사고를 끌고 가는 원동력이다.[43] 인간의 정신은 처음부터 이런 두 가지의 지향성을 통해 사물과 관계하는 것이 아닌가?

우리는 한쪽 눈만을 가지고도 사물을 볼 수 있다. 하지만 두 눈이 협력해서 만드는 시선이 외눈의 시선보다 월등하다. 마찬가지로 직-지향과 사-지향, 로고스와 뮈토스가 함께 만드는 대상관계가 로고스-중심적 관계나 뮈토스-중심적 관계보다 우월한 것이 아닌가? 우

두 문화의 합류를 위하여

월하다기보다 훨씬 더 원초적이고 훨씬 더 원천적인 것이 아닌가? 프로이트의 정신분석에서 에로스와 타나토스는 원래 함께 얽혀 있는 것처럼, 로고스와 뮈토스는 서로의 주위를 휘감고 있는 것이 아닌가? 이런 이중성이 인간학적 한계인지 존재론적 사태인지는 좀 더 생각해 볼 문제이다. 하지만 그것이 현대 과학철학이 도달한 결론과 일치한다는 것은 분명하다. 즉 모든 해석에서 면제될 수 있는, 따라서 해석과 완전히 분리된 객관적 실재 같은 것은 없다. 객관적 실재는 이미 모종의 해석(이론적, 사회적 혹은 정치적 해석)을 자신의 환원 불가능한 구성 요소로 포함하고 있다.

이런 현대 과학철학의 결론은 데리다의 텍스트 개념과 상통하는 것이기도 하다. "텍스트의 바깥은 없다."라는 데리다의 말은 결코 실재가 관념적 구성물에 불과하다는 이야기가 아니다. 그것은 해석의 유연성(=텍스트)에서 완전히 벗어난 순수 객관적 실재(=바깥)를 부정하는 명제다. 데리다의 이른바 텍스트주의는 실재의 구조에 대한 언명이다. 그것은 실재의 구조가 로고스와 뮈토스, 직-지향과 사-지향, 혹은 제한 경제와 일반 경제가 함께 얽혀 가는 어떤 기조(紀造, stricucre)임을 말한다.

데리다의 글-쓰기(écriture)라는 용어는 그런 기조적 텍스트인 실재가 성립, 유지되는 운동을 가리킨다. 그것은 두 가지 배타적인 경향의 끈 운동이 새끼줄처럼 서로 꼬이는 가운데 서로 왜곡, 지연, 생략, 변형시키는 절차에 대한 이름이다. 이런 데리다적 의미의 텍스트나 글-쓰기의 공간은 포퍼의 제3세계나 중국적 제3세계를 포괄하는 새로운 유형의 제3세계로 간주될 수 있다. 물론 이것이 결코 우리가 선택할 최후의 대안은 아니다. 그러나 그것은 앞으로 있어야 할 제3세계로 가는 중요한 징검다리가 될 수 있음은 분명하다.

미래 인문학의 이중 과제　프로이트는 사디즘이나 마조히즘 같은 성적 도착증의 배후에서 에로스에서 분리된 타나토스를 가리켰다. 타나토스를 중화하던 에로스가 고갈됨으로써 죽음 충동의 파괴적인 힘이 공격적인 형태의 성적 도착을 가져온다는 것이다. 그러나 프로이트의 관점에서 인간이 성취하는 모든 문화적 업적은 에로스라는 성적 에너지를 승화(혹은 탈-성화, de-sexualize)하여 만든 중성적 에너지이므로 문명화된 사회일수록 에로스의 고갈을 피할 수 없다.[44] 이는 타나토스의 과잉을 모면하기 어렵다는 것과 같다.

마찬가지로 근대화된 사회일수록 로고스와 뮈토스는 분리되는 경향이 있다. 그런 경향은 어디서 오는 것일까? 아마 인간의 행동과 사고가 코드화되는 정도가 심하기 때문이고, 사회적 환경과 제도가 기계적 요소에 의해 구성되는 정도가 심하기 때문일 것이다. 그럴수록 사고는 계산에 가까워진다. 상상은 연산에 의해 대체된다. 첨단과학과 기술이 일상에 침투할수록 로고스와 뮈토스가 분리되는 이유는 여기에 있다. 이와 더불어 과학적 문화와 인문적 문화도 서로 멀어질 수밖에 없다. 앞에서 언급된 앨런 소칼이나 에드워드 윌슨의 책은 이런 분리의 경향을 예증하는 사례다. 이런 분리가 가져오는 위험은 무엇인가?

사실 오늘날 선진화된 사회일수록 인문적 문화와 고립된 과학적 문화는 과거에 상상할 수 없는 위험성을 노출하기 시작했다. 이것은 분명 스노가 과학과 인문학 사이의 문화적 단절을 언급할 때와는 다른 종류의 위험성이다. 스노는 당대의 인문학이 인간성의 옹호라는 미명 아래 과학과 산업 기술에 퍼붓는 맹목적 비난과 테러를 걱정했다. 과학과 산업 기술이 역사 진보의 견인차라는 관점에서 과거의 목가적 향수에 벗어나지 못한 인문학이 문명 발전의 걸림돌이 될 위험을 지적한 것이다. 그러나 이 시대의 위험은 과학과 산업 기술에 아무런 걸림돌이 없다는 데 있다.

오늘의 과학이나 기술은 한걸음 내디딜 때마다 인류의 삶의 방식에 충격을 주기에 이르렀다. 기존의 상식을 뒤엎을 뿐만 아니라 인류의 운명을 미궁에 빠뜨릴 실험도 거리낌 없이 진행되고 있다. 가령 세포 조작 기술이나 인공 지능 기술의 궁극을 생각해 보라. 도처에서 경쟁적으로 실험되는 이론과 기술은 끊임없이 정상과 비정상의 경계를 다시 그려야 하는 과제를 던지고 있다. 이 모든 것들은 고도의 인문적 성찰과 사변적 모험이 아니라면 감당하기 어려운 충격이자 과제이다. 이런 충격과 과제에 대응하기 위해서 미래의 인문학은 과거와는 비교할 수 없을 만큼의 중량과 외연을 획득해야 할 것이다. 과거에는 상상할 수 없을 만큼의 이야기의 자원을 갖추어야 하고, 과거에는 예측할 수 없었던 납득의 힘을 발휘해야 할 것이다.

우리는 동서 인문학의 전통을 하나로 엮어 가는 길에서 그런 인문학의 구조적 변화의 가능성을 기대할 수 있을 것이다. 특히 일상의 삶에서부터 동양적 시선과 서양적 시선을 좌우의 눈처럼 동시에 사용하는 동아시아의 지식인에게 동서 문화의 합류와 융합은 피할 수 없는 사명이자 세계사가 선물한 기회라 할 수 있다. 우리가 과학과 인문학의 문화적 단절을 넘어서는 문제는 동서의 문화적 차이를 극복하는 문제와 함께 이중화되어야 한다고 믿는 이유는 바로 여기에 있다. 미래의 인문학은 그런 이중의 과제와 씨름할 때야 비로소 포퍼의 제3세계와도 다르고 중국적 제3세계와도 다른 새로운 보편성의 평면을 펼쳐 갈 수 있을 것이다.

주

1 과학 기술의 공적 의의

1 유전체(genome)란 유전자(gene)와 염색체(chromosome)의 합성어로, 염색체에 포함되어 있는 유전 정보의 집합체를 통틀어 일컫는 용어다. 염색체 내의 DNA에 유전자가 존재하며, DNA는 아데닌, 티민, 구아닌, 시토신이라는 네 가지 염기로 이루어져 있다. 인간 유전체 프로젝트는 인간의 DNA 스물세 쌍의 염기 서열 정보를 밝히기 위한 것이었다.

2 로버트 쿡디간, 황현숙·과학세대 옮김, 『인간 게놈 프로젝트(The Gene Wars: Science, Politics and the Human Genome)』(민음사, 1994), 8쪽.

3 양측의 초안은 세계적으로 인정받는 과학 분야 양대 학술지에 동시에 발표되었다. 인간 유전체 프로젝트 측의 초안은 2001년 2월 15일 영국에서 발간된 《네이처》에, 셀레라 제노믹스 측의 초안은 2001년 2월 16일 미국에서 발간된 《사이언스》에 게재되었다. 인간 유전체의 99.9퍼센트가 해독된 인간 유전체 지도의 완성본은 1953년에 발표된 DNA의 이중 나선 구조 발견 50주년에 맞추어 2003년 4월 14일에 발표되었다.

4 오세정, 「과학과 문화: 문화에 있어서의 과학의 위상」, 네이버 열린연단: 문화의 안과 밖 강의 발표문(2014. 3. 8); 윤정로, 「과학 기술과 한국 사회」, 김병익·정문길·정과리 엮음, 『오늘의 한국 지성, 그 흐름을 읽는다 1975~1995』(문학과지성사, 1995), 421~442쪽; 홍성욱, 『생산력과 문화로서의 과학 기술』(문학과지성사, 1999).

5 Robert K. Merton, Science, Technology and Society in Seventeenth Century England(New York: Harper and Row, 1938, 1970).

6 Joseph Ben-David, The Scientist's Role in Society: A Comparative Study (Englewood-Cliffs, New Jersey: Prentice-Hall, 1971); Peter J. Bowler and I. R. Morus, Making Modern Science: A Historical Survey(Chicago: University of Chicago Press, 2005), pp. 323~339.

7 위험이라는 용어는 17세기 유럽에서 '모험적인 원거리 항해에 부수되는 난관'이라는 의

미로 사용되기 시작해서, 후에는 '이득을 얻기 위해서 감수해야 하는 난관과 위험'을 의미하게 되었다. 이재열, 「이론적 배경: 위험 사회와 위험의 사회적 구성」, 정진성 외, 『위험 사회, 위험 정치』(서울대학교출판문화원, 2010), 1~38쪽. 위험 개념은 보험 분야에서 가장 많이 사용되는데, 이것은 보험 제도가 사업이 실패했을 때의 금전적 피해를 줄이기 위해 여러 사람이 조금씩 돈을 모아서 사업 자금을 조달해 준 방식에서 발전되었기 때문이다. 공학에서는 1960년대 원자력 발전소에 대해 확률적 위험 평가(probabilistic risk assessment)를 도입하면서 위험에 대한 분석이 활발해졌다.

8 Urlich Beck, *Risk Society: Towards a New Modernity*, Mark Ritter (trans.) (London: Sage, 1986, 1992).

9 Anthony Giddens, *The Consequences of Modernity*(Cambridge: Polity, 1990). 시스템이론가로서 최근 우리나라에서도 많이 알려져 있는 독일의 사회학자 니클라스 루만 (Niklas Luhmann)은 현대 사회에서는 외부적인 위해 요인(danger)이 사회 체계 안으로 들어와 내부화된 위험(internalized risk)이 사회 체계를 지배하게 된다고 본다.

10 Urlich Beck, op. cit, pp. 22~24.

11 Ibid., p. 36.

12 Ibid., pp. 223~224.

13 Ibid., pp. 223~235.

14 Ibid., p. 234.

15 Ibid., p. 30.

16 이상욱, 「과학 연구와 과학 연구 윤리」, 이상욱·조은희 엮음, 『과학 윤리 특강: 과학자를 위한 윤리 가이드』(사이언스북스, 2011), 15~40쪽.

17 Jeremy Rifkin, *The Biotech Century*(Jeremy P. Tacher, 1998), 한국어판은 제러미 리프킨, 전영택·전병기 옮김, 『바이오테크 시대』(민음사, 1999); A. Elzinga and A. Jamison, "Changing Policy Agendas in Science and Technology", Sheila Jasanoff, G. E. Markle and T. Pinch (eds.), *Handbook of Science and Technology Studies*(London: Sage, 1995), pp. 572~597. 이러한 인식의 사례로 개봉 당시 전 세계 최고의 흥행 기록을 세웠던 「쥬라기 공원」(1994)과 「아바타」(2009), DNA를 구성하는 네 가지 염기의 첫 글자 G, C, T, A를 조합한 제목으로 화제를 모았던 영화 「가타카 (Gattaca)」(1997)를 들 수 있다.

18 《조선일보》 2012년 10월 6일자.

19 돌리는 체세포 복제를 통해 탄생된 최초의 **포유류** 동물이었다는 점이 충격적이었고, 다

른 동물의 복제에는 체세포 복제 방식이 이미 적용되었다. 1962년 영국의 존 거던(John Gurdon)은 최초의 체세포 복제 방식으로 개구리를 복제하는 데 성공했고, 이 업적으로 2012년 노벨 생리의학상을 일본의 야마나카 신야와 공동으로 수상했다.(야마나카는 2006년 쥐, 그리고 2007년에는 인간의 성체 세포에서 유도 만능 줄기세포를 만들어 낸 성과로 수상했다.)

20 로버트 쿠디간, 앞의 책, 267~327쪽.

21 Daniel W. Drell, "Informing Federal Policy on Biotechnology: Executive Branch, Department of Energy", Thomas H. Murray and M. J. Mehlman (eds.), *Encyclopedia of Ethical, Legal, and Policy Issues in Biotechnology*(New York: John Wiley and Sons, 2000), pp. 697~703; Audra Wolfe, "Federal Policy Making for Biotechnology, Executive Branch, ELSI", Ibid., pp. 234~240.

22 미국의 국가생명윤리자문위원회에는 다양한 분야의 전문가들이 위촉되었으며, 우리나라에서도 널리 알려진 정치학자 프랜시스 후쿠야마(Francis Fukuyama)와 마이클 샌델(Michael Sandel) 등은 위원회 활동의 경험을 바탕으로 저서를 출판하였다. Francis Fukuyama, *Our Posthuman Future: Consequences of the Biotechnology Revolution*(New York: Farber, Straus and Giroux, 2002); Michael J. Sandel, *The Case against Perfection: Ethics in the Age of Genetic Engineering*(Cambridge: Belknap/Harvard University Press, 2007).

23 Daniel W. Drell, op. cit; Audra Wolfe, op. cit; 윤정로, 「ELSI(인간 유전체 연구의 윤리적, 법적, 사회적 함의) 연구 동향」, 《과학사상》 제41호(2002), 224~236쪽.

24 Brian Salter and Charlotte Salter, "Bioethics and the Global Moral Economy: the Cultural Politics of Human Embryonic Stem Cell Science", *Science, Technology, and Human Values*, Vol. 32, no. 5(2007), pp. 554~581; Audra Wolfe, op. cit, pp. 239~240.

25 필자는 21세기 프런티어 사업 '인간 유전체 기능 연구 사업단'에서 지원한 한국 최초 ELSI 프로그램의 연구 책임자로 연구를 수행하였다.

26 Jeong-Ro Yoon, S. K. Cho and K. W. Jung, "The Challenges of Governing Biotechnology in Korea", *East Asian Science, Technology and Society: An International Journal*, Vol. 4(2010), pp. 335~348.

27 John Ziman, *Public Knowledge: An Essay Concerning the Social Dimension of Science*(Cambridge: Cambridge University Press, 1968).

28 Michael Polanyi, "The Republic of Science: Its Political and Economic Theory", *Minerva*, Vol. 1, no. 1(1962), pp. 54~74.

29 Alan Irwin, *Citizen Science: A Study of People, Expertise and Sustainable Development*(Routledge, 1995), 한국어판은 앨런 어윈, 김명진·김명수·김병윤 옮김, 『시민 과학: 과학은 시민에게 복무하고 있는가?』(당대, 2011); Massimiano Bucci and Federico Neresini, "Science and Public Participation", Edward J. Hackett, O. Amsterdamska, M. Lynch and J. Wajcman (eds.), *The Handbook of Science and Technology Studies*, 3rd Edition(Cambridge, Massachusetts: MIT Press, 2008), pp. 449~472.

30 성지은·정병걸·송위진, 「탈추격형 기술 혁신의 기술 위험 관리」, 과학기술정책연구원 정책연구(2007. 12. 2), 37~40쪽.

31 앨런 어윈, 앞의 책, 265~280쪽.

32 기술 영향 평가 대상으로 선정된 기술은 NBIT 융합 기술(2003), RFID(2004), 나노(2005), 줄기세포(2006), 유비쿼터스 컴퓨팅(2006), 나노 소재(2006), 기후 변화 대응(2007), 국가 재난 질환 대응(2008), 뇌 기계 인터페이스(2011), 빅데이터 분석(2012), 3D 프린팅(2013), 스마트 네트워크(2013), 무인 이동체(2014), 초고층 건축물(2014) 기술 등이다.

33 김소영, 「공공 정책 갈등과 민주주의: 울산광역시 북구 음식물 자원화 시설 '시민 배심원제' 사례를 중심으로」, 경희대학교 NGO대학원 석사학위논문(2006).

34 박진희·김명진·조아라, 「한국의 과학 기술 시민 참여」, 시민과학센터, 『시민의 과학』(사이언스북스, 2011), 123~160쪽.

35 김병수, 「생명공학 감시 운동의 전개 과정과 특징」, 앞의 책, 161~191쪽.

36 Sheila Jasanoff, *Designs on Nature: Science and Democracy in Europe and the United States*(Princeton, New Jersey: Princeton University Press, 2005).

3 인간 본성의 진화론적 이해

1 장대익, 「다윈 인문학과 인문학의 진화」, 《인문논총》 제61권(2009), 3~47쪽.

2 E. Mayr, *Toward a New Philosophy of Biology*(Cambridge: Harvard University Press, 1988), pp. 198~212; E. Mayr, *Principles of Systematic Zoology*(New York:

McGraw-Hill, 1991), pp. 38~39.

3 C. Darwin, *On the origin of species*(Murray, 1859); R. Lewontin, "The Units of Selection", *Annual Review of Ecology and Systematics*, Vol. 1(1970), pp.1~18.

4 R. Dawkins, *The Selfish Gene*(Oxford University Press, 1976), p. 192, 한국어판은 리처드 도킨스, 홍영남 옮김, 『이기적 유전자』(을유문화사, 1993).

5 R. Dawkins, "Replicators and Vehicles"(1982), reprinted in Brandon and Burian(1984), p. 162.

6 D. L. Hull, "Individuality and Selection", *Annual Review of Ecology and Systematics*, Vol. 11(1980), pp. 1~332; D. L. Hull, *Science as a Process*(University of Chicago Press, 1988).

7 R. Dawkins, "Burying the Vehicle", *Behavioral and Brain Sciences*, Vol. 17(1994), p. 617.

8 장대익, 「도킨스 다시 읽기: 복제자, 행위자, 그리고 수혜자」, 《철학사상》 제25권(2007), 195~225쪽.

9 물론 현대 진화생물학계에도 몇몇 중요한 쟁점들에 관해 치열한 논쟁이 있어 왔다. 따라서 도킨스 진영을 '주류'로 평가하는 데에 이의를 제기할 사람도 있을 것이다. 현대 진화론의 대논쟁과 그에 대한 평가로는 장대익, 『다윈의 식탁』(김영사, 2008)을 참조.

10 T. Hobbes, *Leviathan*, Oxford World's Classics(Oxford University Press, 1998), Original work published in 1651.

11 J. Alcock, *Animal Behavior: An Evolutionary Approach*, 6th ed.(Sinauer, 1998).

12 C. Darwin, op. cit.

13 H. Cronin, *The Ant and the Peacock*(Cambridge University Press, 1991); U. Segerstrale, *Defenders of the Truth: The Battle for Science in the Sociobiological Debate and Beyond*(Oxford University Press, 2000).

14 C. Darwin, op. cit.

15 R. Dawkins, *The Selfish Gene*.

16 Ibid., i.

17 U. Segerstrale, op. cit; U. Segerstrale, *Nature's Oracle: The life and work of W. D. Hamilton*(Oxford, 2013); J. Alcock, *The Triumph of Sociobiology*(Oxford University Press, 2001).

18 W. D. Hamilton, "The Genetical Evolution of Social Behavior, I & II", *Journal of*

Theoretical Biology, Vol. 7(1964), pp. 1~52; W. D. Hamilton, *Narrow Roads of Gene Land*, Vol. 1(W. H. Freeman Spektrum, 1996); W. D. Hamilton, *Narrow Roads of Gene Land*, Vol. 2(Oxford University Press, 2001).

19 P. Sherman, "Nepotism and the Evolution of Alarm calls", *Science*, Vol. 197(1977), pp. 1246~1253.

20 R. L. Trivers, "The Evolution of Reciprocal Altruism", *Quarterly Review of Biology*, Vol. 46(1971), pp. 35~57.

21 E. Fehr and U. Fischbacher, "The Nature of Human Altruism", *Nature*, Vol. 425(2003), pp. 785~791.

22 하지만 이제는 정설이 되어 버린 친족 선택 이론을 비판하며, 학계에서 거의 이단시되어 왔던 집단 선택 이론을 새롭게 부활시키려는 움직임이 최근에 일고 있다.(D. S. Wilson and E. Sober, "Reintroducing Group Selection to the Human Behavioral Sciences", *Behavioral and Brain Sciences*, Vol. 17(1994), pp. 585~654.; E. Sober and D. S. Wilson, *Unto Others: The Evolution & Psychology of Unselfish Behavior*(Harvard University Press, 1998); E. Sober and D. S. Wilson, "Summary of *Unto Others: The Evolution & Psychology of Unselfish Behavior*"(2000), L. D. Kats (ed.), *Evolutionary Origins of Morality*(Imprint Academic, 2000), pp. 185~206) 진화생물학자 윌슨(D. S. Wilson)과 생물철학자 소버(E. Sober)가 그 대표 주자들인데, 그들은 예전의 집단 선택 이론은 폐기하되 '형질 집단(trait group) 선택' 또는 '다수준(multi-level) 선택' 이론이라는 새로운 유형의 집단 선택 이론을 들고 나왔다. 그러나 그들의 다수준 선택 모형이 친족 선택 모형과는 현상을 보는 각도만 다를 뿐 서로 번역될 수 있는 것이기에 친족 선택 모형에 비해 더 우월한 모형이 되지 못한다는 비판도 만만치 않다.(L. A. Dugatkin and H. K. Reeve, "Behavioral Ecology and Levels of Selection: Dissolving the Group Selection Controversy", *Advances in the Study of Behavior*, Vol. 23(1994), pp. 101~133; H. K. Reeve, "Book Review of *Unto Others: The Evolution and Psychology of Unselfish Behavior* by E. Sober and D. S. Wilson", *Evolution and Human Behavior*, Vol. 21(2000), pp. 65~72) 그런데 최근에 이보다 더 흥미롭고 한 편으로는 의아하기까지 한 일이 벌어졌다. 그것은 해밀턴의 포괄 적합도 이론을 학계에 알린 에드워드 윌슨(E. O. Wilson)이 몇 년 전부터 포괄 적합도 이론이 틀렸다고 주장하기 시작했다는 사실이다. 그의 이런 도발적 주장은 E. O. Wilson, *The Social Conquest of Earth*(Liverright, 2013)에 집약되어 있다. 나는 이에 대해 그를 인터뷰했다. 인터뷰의

전문은 다음 링크를 참조. http://article.joins.com/news/article/article.asp?total_id=
13274549&cloc=olink|article|default

23 이 글에서 내가 쓰고 있는 '기계'라는 용어는 비유가 아니다. 오히려 그것은, 인간을 '기
계 속의 유령'으로 보았던 데카르트의 이원론에 대항하여 인간도 동물과 마찬가지로 기
계일 뿐이라고 주장했던 라메트리(La Mettrie)의 용법과 유사하다. 단 인간은 다른 동물
에 비해 훨씬 더 복잡하고 정교한 기계일 것이다.

24 C. Darwin, op. cit, p. 394.

25 E. O. Wilson, *Sociobiology: The New Synthesis*(Harvard University Press, 1975),
p. 547.

26 J. H. Barkow, L. Cosmides and J. Tooby (eds.), *The Adapted Mind: Evolutionary
Psychology and the Generation of Culture*(Oxford University Press, 1992); C.
Crawford and D. L. Krebs (eds.,), *Handbook of Evolutionary Psychology*(Lawrence
Erlbaum, 1998); D. Buss, *Evolutionary Psychology*, 2nd ed.(Allyn and Bacon,
2004); D. Buss (ed.), *The Handbook of Evolutionary Psychology*(John Wiley
& Sons, Inc., 2005); R. Dunbar and L. Barrett (eds.), *The Oxford Handbook of
Evolutionary Psychology*(Oxford University Press, 2007); S. Pinker, *How the Mind
Works*(Norton, 1997).

27 L. Cosmides, "The Logic of Social Exchange: Has Natural Selection Shaped How
Human Reason? Studies with the Wason Selection Task", *Cognition*, Vol. 31(1989),
pp. 187~276; L. Cosmides and J. Tooby, "Cognitive Adaptations for Social
Exchange", J. Barkow, L. Cosmides and J. Tooby (eds.), op. cit; L. S. Sugiyama, J.
Tooby and L. Cosmides, "Cross-cultural Evidence of Cognitive Adaptations for
Social Exchange among the Shiwiar of Ecuadorian Amazonia", *Proc. Natl. Acad.
Sci. USA*, Vol. 99(2002), pp. 11537~11542. 여기서 '모듈(module)'은 특정한 기능
을 수행하기 위해 그것의 구성 인자들끼리는 긴밀한 상호 작용을 하되 다른 모듈의 구성
원들과는 상대적으로 독립적으로 행동하는 장치를 말한다. 진화심리학자들은 인류의 진
화 역사에서 '일반 문제(general problem)'란 존재하지 않고 오직 특수한 적응 문제들만
있었기 때문에 마음이 여러 종류의 수많은 모듈로 구성된 복합체로 진화했다고 주장한
다. 이렇게 '모듈성(modularity)'은 진화심리학의 핵심 개념이지만, 그동안 여러 측면에
서 충분히 논의되지 못했다.

28 H. Simon, "A Behavioral Model of Rational Choice", *Models of Man, Social*

and Rational: Mathematical Essays on Rational Human Behavior in a Social Setting(Wiley, 1957).

29 D. Kahneman, and A. Tversky, "On the Study of Statistical Intuitions", D. Kahneman, P. Slovic, and A. Tversky (eds.), *Judgment under Uncertainty: Heuristics and Biases*(Cambridge University Press, 1982), pp. 493~508.

30 G. Gigerenzer, P. M. Todd and the ABC Research Group, *Simple Heuristics That Make Us Smart*(Oxford University Press, 1999); G. Gigerenzer, *Adaptive Thinking: Rationality in the Real World*(Oxford University Press, 2000).

31 M. Daly and M. Wilson, *Homicide*(Aldine, 1988); D. Buss (ed.), *The Handbook of Evolutionary Psychology*.

32 C. Darwin, op. cit.

33 D. Buss, "Sexual Conflict: Evolutionary Insights into Feminist and the 'Battle of the Sexes'", D. M. Buss and N. M. Malamuth (eds.), *Sex, Power, Conflict: Evolutionary and Feminist Perspectives*(Oxford University Press, 1996), pp. 296~318.

34 R. L. Trivers, "Parental Investment and Sexual Selection", B. Campbell (ed.), *Sexual Selection and the Descent of Man: 1871-1971*(Aldine, 1972), pp. 136~179.

35 양육 투자의 차이는 현대인의 포르노 소비의 성차로도 나타난다. 이에 대한 연구로는 장대익, 「포르노그래피의 자연사: 진화, 신경학적 접근」, 《비평과 이론》 17권 1호(2012), 261~284쪽을 참조.

36 물론 암컷이 항상 수컷보다 더 많이 투자를 해야 하는 것은 아니다. 모르몬귀뚜라미, 실고깃과의 해마와 같은 몇몇 종은 수컷이 암컷보다 더 많이 투자한다. 가령 수컷 모르몬귀뚜라미는 영양분이 채워진 커다란 정자 주머니를 만든다. 먹이가 희귀한 곳에서 큰 정자 주머니는 암컷에게 매우 중요한 자원이 된다. 그런데 그 정자 주머니를 만들기 위해서 수컷은 엄청난 양의 먹이를 먹고 소화시켜야 하기 때문에 여간 부담스럽지 않다. 이런 경우에는 오히려 암컷들이 보다 큰 정자 주머니를 갖고 있는 수컷 짝을 차지하기 위해 서로 경쟁한다. 이렇게 '상대적' 양육 투자의 비중에서 성 역할이 바뀌어 있는 종의 경우에는 짝짓기에 관한 한 수컷이 암컷에 비해 더 까다로운 태도를 보인다. 하지만 이것은 예외적인 경우이다. 왜냐하면 포유류의 모든 종(대략 4000종)과 영장류의 모든 종(200여 종)에서는 암컷이 체내 수정과 임신을 수행하기 때문이다.

37 해당 연령에서 앞으로 남은 일생 동안 낳을 수 있을 것으로 기대되는 자식 수의 기댓값 평균을 의미한다. 특히, 자식의 수는 번식을 시작할 연령까지 생존하는 값을 유홋값으로

친다.

38 그렇다면 우리 조상들은 상대방의 자질을 어떻게 알았을까? 외모는 그 사람의 유전자 자질을 가늠하게끔 해 주는 중요한 단서들을 제공한다. 예컨대 몸의 좌우 대칭 정도가 높은 사람일수록 그 사람의 유전자는 평균적으로 더 좋다고 볼 수 있다. 왜냐하면 양질의 유전자는 신체적 부상이나 기생충과 같은 환경의 위협에도 불구하고 몸이 정상적인 모양을 유지할 수 있게 하기 때문이다. 실제로 사람들은 자신의 짝을 고를 때 얼굴과 몸이 얼마나 대칭적인가를 무의식적으로 계산하여 약간의 차이에도 비교적 민감하게 반응한다. 갠저스태드(Steven W. Gangestad)와 손힐(Randy Thornhill)은 손과 발의 폭에서 귀의 폭과 길이에 이르기까지 여러 가지 특징들을 측정하여 각 사람의 전체적인 신체 대칭성 지수를 구했다. 그런 다음 피험자들에게 사진을 보여 주며 누구에게서 더 매력을 느끼는지를 평가해 달라고 부탁을 했다. 그 결과 매력과 대칭성의 정도는 긴밀한 양의 상관관계를 나타냈다. S. W. Gangestad and R. Thornhil, "Human Sexual Selection and Developmental Stability", J. A. Simpson and D. T. Kenrick (eds.), *Evolutionary Social Psychology*(Erlbaum, 1997), pp. 169~195.

39 D. Buss, *The Evolution of Desire: Strategies of Human Mating*, Revised ed.(Free Press, 2003), 한국어판은 데이비드 버스, 전중환 옮김, 『욕망의 진화』(사이언스북스, 2007).

40 여기서 조심할 것이 있다. 어떤 행동에 진화적 이유가 있다는 것과 그런 행동이 윤리적으로 정당화된다는 것은 완전히 다른 문제다. 사실에 근거하여 당위를 이끌어 내는 것은 '자연주의적 오류'이다.

41 Buss (ed.), *The Handbook of Evolutionary Psychology*.

42 R. Dawkins, *The Selfish Gene*. p. 192.

43 Ibid., p. 192.

44 Ibid., pp. 192~193.

45 Ibid.; D. Dennett, *Darwin's Dangerous Idea*(Touchstonet, 1995).

46 수혜자 질문이 왜 필요하고 무엇이며 어떤 철학적 의미를 담고 있는지에 대해서는 D. Dennett, Ibid. 참조.

47 진화심리학은 사실상 수렵 채집기에 해당하는 '진화적 적응 환경'의 절대적 영향을 강조한다. 즉 그 긴 기간에 비하면 문명이 발흥한 지난 수만 년 정도의 기간은 유전자 수준의 적응이 일어나기에는 너무 짧다는 것이다. 하지만 이런 생각의 문제점은 변이량을 시간의 함수로만 이해했다는 점이다. 변이량은 시간뿐만 아니라 인구의 함수이기도 하

다. 가령 지난 1만 년이 250만 년에 비하면 매우 짧은 기간이긴 하지만, 인구가 그때보다 수십 배 더 많다면 변이량은 비슷할 수 있다. 지난 수만 년 동안의 급격한 인지 변화에 주목한 최근의 연구로는 K. Sterelny, *The Evolved Apprentice: How Evolution Made Humans Unique*(MIT Press, 2012)와 G. Cochran and H. Harpending, *The 10,000 Year Explosion: How Civilization Accelerated Human Evolution*(Basic Book, 2010), 그레고리 코크란·헨리 하펜딩, 김명주 옮김, 『1만 년의 폭발: 문명은 어떻게 인류 진화를 가속시켰는가』(글항아리, 2010) 등을 참조. 한편 밈 이론을 발전시킨 블랙모어는 인구에 대해서는 언급하지 않지만, 그녀의 밈 이론이 모방 능력의 진화를 통한 문명의 '폭발'을 주장한다는 측면에서 일맥상통한다고도 할 수 있다. S. Blackmore, *The Meme Machine*(Oxford University Press, 1999), 수전 블랙모어, 김명남 옮김, 『밈』(바다출판사, 2010).

48 S. Blackmore, Ibid. K. N. Laland and B. G. Galef Jr. (eds.), *The Question of Animal Culture*(Harvard University Press, 2009); P. Richerson and R. Boyd, *Not by Genes Alone*(University of Chicago Press, 2005); M. Tomasello, *A Natural History of Human Thinking*(Harvard University Press, 2014).

49 M. Tomasello, *The Cultural Origins of Human Cognition*(Harvard University Press, 1999); 장대익, 「호모 리플리쿠스: 모방, 거울 뉴런, 그리고 밈」, 《인지과학》 23권 4호 (2012), 517~551쪽.

50 C. Heyes, "Genuine Imitation", C. M. Heyes and B. G. Galef Jr. (eds.), *Social Learning in Animals: The Roots of Culture*(San Diego, CA, US: Academic Press, 1996), pp. 371~389.

51 V. Horner and A. Whiten, "Causal Knowledge and Imitation/Emulation Switching in Chimpanzees(Pan troglodytes) and Children(Homo sapiens)", *Animal Cognition*, Vol. 8 no. 3(2005), pp. 164~181.

52 L. Huber, F. Range, B. Voelkl, A. Szucsich, Z. Viráyi, and A. Miklosi, "The Evolution of Imitation: What Do the Capacities of Non-human Animals Tell Us about the Mechanisms of Imitation?", *Philosophical Transactions of the Royal Society B*, Vol. 364, no. 1528(2009), pp. 2299~2309.

53 10여 년 전에 발견되어 활발히 연구되고 있는 '거울 뉴런계(mirror neuron system)'는 이런 모방 능력에 신경학적 토대가 존재함을 말해 준다. 이에 대한 연구로는 G. Rizzolatti and M. Fabbri-Destro, "Mirror Neurons: From Discovery to Autism",

Experimental Brain Research, Vol. 200, nos. 3~4(2010), pp. 223~237 참조. 장대
익, 「호모 리플리쿠스: 모방, 거울 뉴런, 그리고 밈」에도 소개되어 있다.

54 하지만 밈 이론에 비판적인 입장을 견지하는 학자들이 적지 않다. 대표적으로 R. Aunger
(ed.), *Darwinizing Culture*(Oxford University Press, 2000); P. Richerson and R.
Boyd, op. cit; D. Sperber, *Explaining Culture: A Naturalistic Approach*(Blackwell,
1996) 참조. 이런 비판에 대한 대응으로는 S. Blackmore, op. cit; D. Dennett, "The
Evolution of Culture", *The Monist*, Vol. 84(2001), pp. 305~324; D. Dennett, "The
New Replicators", M. Pagel (ed.), *The Encyclopedia of Evolution* Vol. 1(Oxford
University Press, 2002), pp. E83~E92; D. Dennett, *Breaking the Spell*(Viking,
2006) 참조.

5 두 문화의 합류를 위하여

1 이상, 『이상문학전집』 3권(문학사상사, 1993), 201쪽. 이하의 글은 고등과학원 초학제
연구총서 2권 『분류와 합류』(이학사, 2014)에 실렸던 「초학제 연구의 문제들: 분류, 상
상, 창조」를 처음부터 다시 고쳐 쓴 글이다.

2 C. P. 스노, 오영환 옮김, 『두 문화』(민음사, 1996).

3 앨런 소칼·장 브리크몽, 이희재 옮김, 『지적 사기: 포스트모던 사상가들은 과학을 어떻게
남용했는가』(민음사, 2000).

4 이상욱, 「소칼의 목마와 문화적 차이를 넘어서」, 《과학철학》 5권 2호(2002년 여름호)
참조.

5 에드워드 윌슨, 최재천·장대익 옮김, 『통섭: 지식의 대통합』(사이언스북스, 2008).

6 이인식 엮음, 『통섭과 지적 사기: 통섭은 과학과 인문학을 어떻게 배신했는가』(인물과사
상사, 2014).

7 R. Descartes, *Principes de la philosophie*, Ch. Adam and P. Tannery (eds.),
Oeuvres de Descartes, Vol. IX-2(Paris: J. Vrin, 1971), p. 14.

8 자연과학 중심의 융합 연구의 사례로는 홍성욱 엮음, 『융합이란 무엇인가』(사이언스북스,
2012) 참조. 사회과학 중심의 융합 연구의 사례로는 한국사회과학협의회 엮음, 『융합
연구: 이론과 실제』(법문사, 2013) 참조.

9 고등과학원은 그 외에도 정보를 주제로 철학과 자연과학이 함께 하는 초학제 정보-독립

연구단(책임자 서울대학교 물리학과 이준규 교수)을 운영하고 있다.

10 고전적 통합 학문의 이념에 대하여, R. McRae, "Unity of Science from Plato to Kant", Ph. Wiener (ed.), *Dictionary of the History of Ideas*(New York: Charles Scriber's Sons, 1978), pp. 431~437 참조.

11 William Sims Bainbridge, *Converging Technologies for Improving Human Performance*(New York: Springer, 2003) 참조.

12 존 브록만 엮음, 이영기 옮김, 『위험한 생각들』(웅진씽크빅, 2007), 136쪽.

13 R. Descartes, *Regulae ad directionem igenii*, Ch. Adam and P. Tannery (eds.), Oeuvres de Descartes, Vol. X(Paris: J. Vrin, 1986), p. 255.

14 M. Heidegger, *Schelling: von Wesen der Menschlichen Freiheit*(1809), Gesamtausgabe, Vol. 42(Frankfurt am Main: Klostermann, 1987), p. 50.

15 Ibid., pp. 52~, pp. 61~, pp. 78~ 참조.

16 프리드리히 니체, 백승영 옮김, 『우상의 황혼』(책세상, 2002), 「잠언과 화살」 26항, 81쪽.

17 M. Heidegger, *Der Satz vom Grund*(Pfullingen: G. Neske, 1971), p. 93, pp. 184~188.

18 I. Kant, *Kritik der reinen Vernunft*(Leipzig: F. Meiner, 1930), B판, p. 502. 본문 내 약칭은 B판의 경우 B, A판의 경우 A.

19 D'Alembert, D. Diderot et al., *L'Encyclopéie: Texte choisis*(Paris: Editions sociales, 1984), p. 304 참조.

20 질 들뢰즈·펠릭스 가타리, 최명관 옮김, 『앙띠 오이디푸스』(민음사, 1994), 1장과 4장 참조.

21 질 들뢰즈·펠릭스 가타리, 김재인 옮김, 『천 개의 고원』(새물결, 2001), 1장 참조.

22 데이비드 와인버거, 이진원 옮김, 『지식의 미래』(리더스북, 2014), 225쪽. 이 책의 원제 는 '*Too Big to Know*'다.

23 프란시스 베이컨, 이종흡 옮김, 『학문의 진보』(아카넷, 2002), 2권 1장, 155쪽.

24 가령 J. McDowell의 "절대적 소여의 신화(The Myth of The Given)"란 말은 데카르트 이래 서양 근대 인식론의 기본 전제를 인상적으로 표현하고 있다. 그의 책 *Mind and World*(Cambridge: Harvard University Press, 1944), p. 6, p. 110 참조.

25 막스 베버, 전성우 옮김, 『직업으로서의 학문』(나남, 2006), 32~33쪽. 원서는 1919년 출간.

26 J. E. McGuire, "Scientific Change: Perspectives and Proposal", M. H. Salmon et

al., *Introduction to the Philosophy of Science*(New Jersey: Prentice Hall, 1992), pp. 145~146 참조; 신중섭, 「인식론 없는 합리성」, 표재명 외 지음, 『헤겔에서 리오타르까지』(지성의샘, 1994), 289~318쪽 참조.

27 Claude Lévi-Strauss, *Tristes tropiques*(Paris: Plon, 1956), pp. 317~319.

28 C. A. 반 퍼슨, 오영환 옮김, 『문화의 전략』(법문사, 1979), 179쪽.

29 롤랑 바르트, 김희영 옮김, 『사랑의 단상』(동문선, 2010) 참조.

30 보충하자면, 개념과 더불어 창조되는 관념적 대상은 자체 안에 분석과 종합, 나아가 연산적 조작이 가능한 하위 단위의 규정들을 거느린다. 가령 '점, 선, 면' 혹은 '개체, 특수, 일반' 등은 개념적 운동을 구성하는 하위 단위들이라 할 수 있다. 아울러 과학적 개념은 모델이 바뀌면 내부의 배치가 달라지고, 따라서 의미의 변화를 겪는다. 그럼에도 불구하고 과학적 개념은 서로 다른 모델이나 경쟁하는 모델이 만나고 소통하는 접점이 되어야 한다. 시간, 공간, 힘, 인과성, 벡터 등의 개념은 어떤 변화를 겪으면서 서로 다른 이론 체계나 영역을 통과할 수 있는 개념이다.

31 K. Popper, *Objective Knowledge*(Oxford: Oxford University Press, 1972), Ch. 3, Ch. 4, Ch. 6; 칼 포퍼, 박중서 옮김, 『끝없는 탐구: 내 삶의 지적 연대기』(갈라파고스, 2008), 38, 39, 40장 참조.

32 Lewis A. Maverick, "A Possible Chinese Source of Spinoza's Doctrine", *Revue de littéature comparé*, Vol. 19(1939), pp. 412~430 참조.

33 김수중, 「동양적 삶의 방식과 범주의 문제」, 김상환·박영선 엮음, 『사물의 분류와 지식의 탄생』, 고등과학원 초학제연구총서 1권(이학사, 2014) 99~117쪽; 심경호, 「한문 문언 행문 관습과 동아시아 사물 분류 방식의 상관관계」, 김상환·박영선 엮음, 『분류와 합류』, 고등과학원 초학제연구총서 2권(이학사, 2014) 59~89쪽.

34 리처드 니스벳, 최인철 옮김, 『생각의 지도: 동양과 서양, 세상을 바라보는 두 시선』(김영사, 2004), 6장 참조.

35 R. Trauzettel, "Bild und Schrift oder: Auf welche Weise sind chinesische Schriftzeichen Embleme?", W. Stegmeier (ed.), *Zeichen-Kunst: Zeichen und Interpretation V*(Frankfurt am Main: Suhrkamp, 1999), pp. 130~163 참조.

36 프랑수아 줄리앙, 유병태 옮김, 『운행과 창조』(케이시아카데미, 2003), 20~21쪽 참조.

37 R. Trauzettel, "Stellenwert und Funktion des Beispiels in antik-chinesischen philosophischen Texten", K.-H. Pohl and G. Wörle (ed.), *Form und Gehalt in Texten der griechischen und chinesischen Philosophie*(Sttutgart: Franz Steiner,

2011), p. 78, p. 82.

38 이용주, 「동아시아의 분류 사유와 방법」, 김상환·박영선 엮음, 『사물의 분류와 지식의 탄생』, 223∼249쪽 참조.

39 신동원, 「동아시아의 인체 분류와 생명관: 조선의 인체 도상을 중심으로」, 앞의 책, 315∼340쪽 참조.

40 R. Harré "Creativity in Science", D. Dutton and M. Krausz (eds.), *The Concept of Creativity in Science and Art*(The Hague: Martinus Nijhoff, 1981), p. 26.

41 장 프랑수아 리오타르, 이현복 옮김, 『포스트모던적 조건』(서광사, 1992), 7쪽.

42 리오타르는 작은 이야기(petits réits)의 세계를 설명하는 사례로 남아메리카 인디언인 카시나후아(Cashinahua) 족의 이야기 세계를 가리킨다. 여기서 "화자는 자신의 이야기하는 능력이 그가 이전에 이야기의 청자였다는 사실로부터 얻은 것이라 생각한다. 현재의 청자는 그 이야기를 들으면서 잠재적으로 동일한 권한에 도달한다. 이야기는 전달된 것이고(비록 이야기의 수행이 매우 창의적일지라도), 또한 이미 '오래전부터' 전달된 것으로 간주된다."(앞의 책, 55∼56쪽) 따라서 여기서는 이야기에 앞서는 주체나 이야기와 독립된 실재는 없다. 모든 것은 전달되는 이야기의 (재)전달에 참여하는 가운데 비로소 태어나고, 이야기의 (재)전달에 기여하는 방식에 따라 위치와 의미를 획득한다.

43 직-지향과 사-지향에 대해서는 김상환, 『철학과 인문적 상상력』(문학과지성사, 2012), 「프롤로그」 참조.

44 지그문트 프로이트, 「자아와 이드」, 박찬부 옮김, 『쾌락 원칙을 넘어서』(열린책들, 1997), 4절 참조.

저자 소개

윤정로

서울대학교 사회학과를 졸업하고 미국 하버드 대학에서 박사 학위를 받았다. 현재 한국과학기술원(KAIST) 인문사회과학과 교수이며 한국사회학회 회장으로 있다. 국가과학기술자문회의 위원, 한국과학재단 이사와 KT 이사회 의장을 역임했다.

지은 책으로 『과학 기술과 한국 사회』, 『생명과학 기술의 이해, 그리고 인간의 삶』(공저), 『생명의 위기』(공저), 『남성의 과학을 넘어서』(공저), 『모성의 담론과 현실』(공저) 등이 있고 옮긴 책으로 『유비쿼터스: 공유와 감시의 두 얼굴』(공역)이 있다.

김대식

독일 다름슈타트 공과 대학을 졸업하고 막스플랑크 뇌연구소에서 박사 학위를 받았다. 미국 메사추세츠 공과 대학(MIT)에서 박사후과정을 거친 후 일본 이화학연구소(RIKEN)에서 연구원으로 재직했으며 미국 미네소타 대학 자기공명연구센터 조교수와 보스턴 대학 생체의학이미지센터 부교수를 역임했다. 현재 한국과학기술원(KAIST) 전기및전기공학과 교수이며 신경과학과 신경공학, 사회신경과학, 인공 지능 등의 분야를 연구하고 있다.

지은 책으로 『내 머릿속에선 무슨 일이 벌어지고 있을까』, 『공부 혁명』, 『진심은 어떻게 전해지는가』(공저) 등이 있다.

장대익

한국과학기술원(KAIST) 기계공학과를 졸업하고 서울대학교에서 과학사 및 과학철학 박사 학위를 받았다. 서울대학교, 영국 런던 정치경제대학, 일본 교토 대학, 미국 터프츠 대학 등에서 진화생물학과 진화심리학, 생물철학 연구를 계속했으며 서울대학교 과학문화연구센터 연구교수를 거쳐 현재 자유전공학부 교수로 있다.

지은 책으로 『다윈의 서재』, 『인간에 대하여 과학이 말해 준 것들』, 『다윈의 식탁』, 『쿤 & 포퍼: 과학에는 뭔가 특별한 것이 있다』, 『다윈 & 페일리: 진화론도 진화한다』, 『사물의 분류와 지식의 탄생』(공저), 『뇌로 통하다』(공저), 『사회생물학 대논쟁』(공저), 『종교 전쟁』(공저), 『과학으로 생각한다』(공저) 등이 있고 옮긴 책으로 에드워드 윌슨의 『통섭』(공역) 등이 있다.

김경렬

서울대학교 화학과를 졸업하고 미국 샌디에이고 소재 캘리포니아 주립대(UCSD)에서 해양학 박사 학위를 받았다. 1984년부터 서울대학교 자연과학대학 교수를 역임했으며 2013년 정년 퇴임 후 현재 광주과학기술원(GIST)에서 석좌교수로 있다. 서울대학교 지구환경과학부 명예 교수이다.

지은 책으로 『지도 이야기』, 『시간의 의미』, 『화학이 안내하는 바다 탐구』, 『노벨상과 함께하는 지구 환경의 이해』 등이 있고 옮긴 책으로 폴 크루첸의 『기후 변동』을 비롯해 『엘니뇨』, 『지구 시스템의 이해』(공역), 『해양생지화학 개론』(공역) 등이 있다.

김상환

연세대학교 철학과를 졸업하고 프랑스 파리 제4대학(소르본)에서 철학 박사 학위를 받았다. 현재 서울대학교 철학과 교수이며 한국프랑스철학회 회장과 고등과학원 초학제독립연구단 연 구책임자를 맡고 있다.

지은 책으로 『예술가를 위한 형이상학』, 『니체, 프로이트, 맑스 이후』, 『철학과 인문적 상상력』 등이 있고 엮은 책으로 『라캉의 재탄생』 등이, 옮긴 책으로 『헤겔의 정신현상학』(공역), 『차이 와 반복』 등이 있다.

오세정(머리말)

서울대학교 물리학과를 졸업하고 미국 스탠퍼드 대학에서 물리학 박사 학위를 받았다. 서울대 학교 자연과학대학 학장 및 한국연구재단 이사장, 기초과학연구원 원장을 역임했다. 현재 서 울대학교 물리·천문학부 교수이며 한국과학한림원 정회원이다.

지은 책으로 『과학이 나를 부른다: 과학교육 어떻게 해야 하나』, 『지식의 지평: 우리나라 기초 과학 연구 수준』, 『20년 전 전망과 20년 후 미래 설계: 새 삶을 열어 가는 과학기술』(공저), 『기 술의 대융합: 21세기 창조의 원동력은 어디에서 오는가』(공저), 『우리는 미래에 무엇을 공부할 것인가: 창조 사회의 학문과 대학』(공저) 등이 있으며 국내외에 173편의 학술 논문을 발표했 다. 한국과학상을 수상했다.

4   문화의 안과 밖

시대 상황과 성찰

과학적 사유와
인간 이해

시대와 새로운 과학

1판 1쇄 찍음 2014년 12월 2일
1판 1쇄 펴냄 2014년 12월 12일

지은이   윤정로, 김대식, 장대익, 김경렬, 김상환
발행인   박근섭·박상준
펴낸곳   (주)민음사

출판등록   1966. 5. 19. 제16-490호
주소   (135-887) 서울시 강남구 도산대로 1길 62(신사동)
               강남출판문화센터 5층
대표전화   515-2000 | 팩시밀리   515-2007
홈페이지   www.minumsa.com

ⓒ 윤정로, 김대식, 장대익, 김경렬, 김상환, 2014. Printed in Seoul, Korea

ISBN   978-89-374-5724-1 (94100)